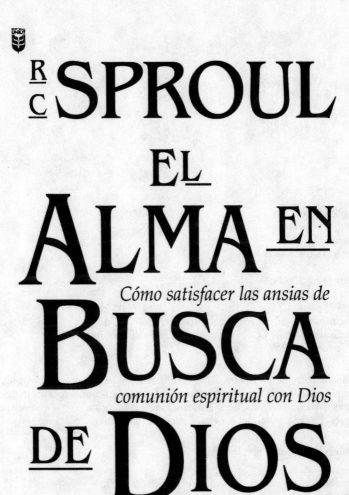

R. C. SPROUL

EL ALMA EN BUSCA DE DIOS

Cómo satisfacer las ansias de

comunión espiritual con Dios

Publicado por
Editorial **Unilit**
Miami, Fl. 33172
Derechos reservados

Primera edición 1999

© 1992 por R. C. Sproul
Originalmente publicado en inglés con el título:
The Soul's Quest for God por Tyndale House Publishers, Inc.
Wheaton, IL 60189

Traducido al español por: José Perez

Producto 497677
ISBN 1-56063-941-5
Impreso en Colombia
Printed in Colombia

Para Aurelius, Thomas, Martin, Jean, y Jonathan
—quienes comprenden la búsqueda del alma.

CONTENIDO

CONTENIDO

PREFACIO

Se ha perdido algo. Se ha perdido de la vida de iglesia. Está ausente de la vida cristiana normal. Lo que está faltando es una profunda comunión espiritual con Dios. La adoración no satisface a las multitudes, y la vida cristiana está a menudo caracterizada más por un sentido de ausencia de Dios que por un sentido vital de su presencia.

Hay un lugar en lo profundo de nuestras almas que está hambriento y no está siendo alimentado. Hay un lugar en nuestros corazones que está sediento, y nadie nos da de beber. Hay un rincón descubierto en nuestro espíritu que nadie se ofrece a cubrirlo.

Sin embargo, el trabajo de Jesús sigue siendo alimentar al hambriento, dar de beber al sediento, y cubrir al desnudo. Él no falla en estos quehaceres. Él puede proveer alimento espiritual y físico para nosotros tal como lo hizo en una ocasión para cinco mil personas. Él puede darnos del agua viva tal como lo hizo con la mujer samaritana. Él puede vestirnos tal como lo hizo con el endemoniado gadareno.

Jesús no ha cambiado ni se ha mudado sin darnos su nueva dirección. Nosotros somos quienes nos hemos mudado. Lo hemos descuidado a Él y a su Palabra, y todavía nos preguntamos por qué estamos hambrientos, sedientos y desnudos.

Cristo ha prometido que todos los que le buscan seguramente lo encontrarán. Pero nosotros debemos buscarlo a Él.

Este libro trata sobre una búsqueda. Es la más importante de nuestras vidas. Es la búsqueda que tiene nuestra alma por Dios. Es la búsqueda por el manantial de agua de vida, por el sabor de la dulzura de la miel en nuestras bocas, y por la luz divina que sólo puede iluminar nuestras recámaras oscuras.

Examinaremos el patrón bíblico para el crecimiento espiritual con la presencia de algunos gigantes espirituales de la Historia de la Iglesia. Miraremos los modelos bíblicos sobre madurez espiritual y consideraremos el carácter misterioso del alma humana. Haremos una búsqueda para descubrir algo acerca de la naturaleza del alma, su valor y, lo más importante, cómo ella se nutre. Consideraremos los obstáculos que podemos encontrar en esta búsqueda del alma, particularmente aquellos que se interponen entre nosotros y la seguridad de la salvación.

Finalmente, consideraremos el destino final del alma, la corona que espera a aquellos que honestamente buscan a Dios, es a saber, la visión beatífica, la bendita visión de Dios mismo.

Los agradecimientos especiales están en orden para Wendell Hawley, quien sugirió este trabajo, y para Maureen Buchman y Donna Mack, quienes ayudaron en la preparación del manuscrito. Agradezco también, a mis amigos en Heatrow, quienes protegieron mi privacidad mientras yo trabajaba en este libro.

1

CORAZONES
INQUIETOS

¡Oh Señor, Tú nos has creado para Ti mismo
y nuestros corazones están inquietos hasta
que ellos encuentren su descanso en Ti![1]

ESTAS LÍNEAS INMORTALES VIENEN DE LA pluma de Aurelio Agustín captando los sentimientos más profundos del cristiano. En su clásica autobiografía, *Las Confesiones*, San Agustín trazó su propio peregrinaje espiritual. San Agustín reveló en prosa lo que Juan Bunyan describió en alegorías —el progreso del alma en su peregrinación hacia el descanso espiritual en Cristo.

La fe cristiana ocupa la mente. Su revelación es diseñada por Dios para su comprensión. Ésta llama a los creyentes a una nueva clase de vida la cual es radicalmente trascendente sobre la vida y el mundo. Sin embargo, más allá de todo esto, la fe cristiana es un *affaire de coeur*, un "asunto del corazón."

En otro libro que publiqué[2] hice hincapié en una extraña paradoja del cristianismo. La fe cristiana mantiene una primacía del intelecto y a la misma vez una primacía del corazón. El decir que existen dos primacías al mismo tiempo hiere la mente y alerta al pensador a la presencia de una franca contradicción. ¿Dos primacías? ¿Cómo puede algo tener una primacía doble? ¿Es que acaso primacía no se refiere a algo que es único y singularmente principal?

11

Realmente es así. A primera vista esto puede parecer una contradicción, pero es realmente una paradoja. Una paradoja difiere de una contradicción precisamente en este punto: A la luz de un examen más detallado, la paradoja produce una resolución. Jamás se podría encontrar tal resolución en una legítima contradicción.

Si dijéramos que la cristiandad tiene dos primacías al mismo tiempo y en la misma relación, nos estaríamos desviando del sendero de la legitimidad y la sobriedad. Habría una contradicción.

Sin embargo, cuando decimos que la cristiandad tiene una primacía de la mente y otra del corazón, estamos diciendo que las primacías gemelas coexisten al mismo tiempo, pero no en la misma relación.

Por otra parte, la cristiandad tiene una primacía de la mente con respecto al orden o la secuencia. No puede haber nada en el corazón que no haya estado primero en la mente. Nuestros corazones no pueden ser inflamados sobre algo que nosotros no conozcamos. A menos que conozcamos a Dios profundamente, no podremos amarlo profundamente. Un ligero entendimiento de Dios es suficiente para hacer que el corazón comience a agitarse. Las emociones pueden encenderse con una mínima relación con la majestad de Cristo. Pero para que esa chispa llegue a ser un fuego duradero y consumidor, nuestro conocimiento de Él debe crecer.

Conocerle a Él es amarlo. Por lo tanto, el conocimiento profundo debe preceder al afecto profundo. La mente viene primero; ésta es primaria para nuestra fe.

Por otra parte, está la primacía del corazón. Esta primacía no es una de orden o secuencia, sino una de importancia. Muchos han acumulado un almacén de conocimientos teológicos, sin embargo, sus corazones permanecen estériles y fríos. La historia está repleta de evidencia de eruditos, quienes se distinguieron a sí mismos con conocimiento que usaron en la causa de la incredulidad. Una creencia no puede salvar a nadie. Es con el corazón que se cree para salvación. Un elemento necesario de la fe salvadora es afecto por Cristo. Un montón de conocimiento sin amor no vale nada. Un poquito de conocimiento acoplado a un gran afecto es mucho más preferible.

Dios se agrada en gran manera cuando nosotros vamos detrás de estas dos primacías. La búsqueda de conocimiento de Dios es insuficiente, la misma no debe ser un fin por sí misma, sino un medio para alcanzar un fin. La meta es inflamar el corazón. La mente debe servir como un conducto para alimentar el alma.

Consideremos los grandes maestros de la historia de la Iglesia. Entre estos gigantes tenemos las figuras de San Agustín, Santo Tomás de Aquino, Martín Lutero, Juan Calvino, y Jonathan Edwards. No hubo más intelectos prodigiosos que hayan embellecido la escena teológica como estos hombres. Aunque cada uno de ellos difiere de los otros en uno o en otro punto de la teología, los escritos de estos hombres revelan un alma enamorada de Dios. Lo de ellos no es una especulación árida, indiferencia académica, ni posturas arrogantes. Ellos son hombres de pasión quienes desplegaron un notable equilibrio de las dos primacías —la de la mente y la del corazón.

Muchos teólogos han instruido pero son pocos los que además han inspirado. Estos gigantes de la fe conmocionan nuestros corazones y estimulan nuestras mentes. Ellos han encontrado descanso para sus almas y son capaces de comunicar ese descanso a una iglesia inquieta.

Lo que nosotros encontramos en las vidas y los escritos de los grandes santos es que hay "algo más" a menudo prometido por algunos predicadores, pero raramente encontrado por el común de los creyentes.

¿Existe realmente algo más? ¿Acaso hay un nivel más alto de la fe y la devoción cristiana que el nivel común? ¿Existe un estado del alma que involucre más descanso que inquietud? La respuesta a todas estas cuestiones es ¡sí!

En todas las generaciones hubo movimientos religiosos que han sido generados por el deseo de "algo más" y sostenidos por la esperanza de encontrar algo "extra". El misticismo, el jansenismo, la vida profunda, movimientos de santidad perfeccionistas, la teología de vida abundante, la teología carismática, y toda una gama de otros movimientos, han buscado un simple método para dar un salto hacia la santificación. Tales movimientos mueren a causa de sus simples métodos de rápido y fácil crecimiento espiritual.

No existen pasos rápidos y fáciles para alcanzar la madurez espiritual. El alma que busca un nivel más profundo de madurez debe estar preparada para una ardua y larga tarea. Si buscamos el Reino de Dios, debemos abandonar cualquier fórmula que promete gratificación espiritual instantánea.

Algunas veces la búsqueda de la santidad se parece a la recapitulación espiritual de Sisyfo, de carácter místico y condenado por los dioses a la tarea perpetua de hacer rodar una gran roca hasta la cima de una empinada colina. Su "recompensa" por realizar esta tarea era volver a rodar la misma piedra hacia abajo hasta el punto de partida, desde donde él estaba obligado a comenzar de nuevo para hacer subir la roca hacia la cumbre de la colina.

Las frustraciones de Sisyfo tienen su contrapartida en la esfera física donde nos desenvolvemos. Yo tengo una tarjeta en mi billetera que dice: "Weight Watchers Lifetime Member" (Miembro de una Asociación de ayuda a los obesos). Para ganar esta tarjeta uno debe hacer una dieta que culmina cuando se mantiene el peso por un mínimo de seis semanas. La tarjeta que tanto trabajo me costó ganar ahora se burla de mí. Ésta me recuerda la vez que yo perdí cuarenta y tres libras en dieciséis semanas. La experiencia fue estimulante. Asistir a las reuniones de esta asociación fue similar a asistir a los estudios bíblicos de la iglesia. Había predicaciones inspiradas, ánimo de los "hermanos y las hermanas", y el pesado ritual de tener que registrar los logros en una libreta. Una dama obesa perdió diecisiete libras su primera semana. Cuando su logro fue comunicado al grupo, le hicimos llorar al ponernos de pie todos y darle una larga ovación. Tres semanas más tarde sin embargo, ella abandonó el programa, aparentemente estaba resignada a continuar con la obesidad.

Pero yo me aferré al programa y logré alcanzar mi meta. Ya no tenía que sentirme avergonzado cuando mi silueta se reflejaba en los cristales de las ventanas o en las vidrieras. Ni me apenaba de ver mi cuerpo en un espejo. Mi esposa me compró mi primer traje hecho a la medida. Hice que me arreglaran todos los otros trajes y mis chaquetas deportivas. En el juego de golf, nunca más tuve que cambiar de posición a causa de mi barriga. Yo memoricé los "versículos bíblicos" de los *Weight Watchers*:

"Pulgada a pulgada es cosa segura"
"Nada tiene mejor sabor que sentirse delgado"
"¡Veremos menos de ti la próxima semana!"

¡Ay!, han pasado tres años y yo me he convertido en un apóstata de aquellos que controlaban su peso. En estos tres años he aumentado 30 de las libras que tanto sacrificio me costaron perder. He vuelto a evitar los espejos. Solamente me queda un traje que me puedo poner. Mi golpe de *swing* en el juego de golf nuevamente tiene que sufrir un desvío debido a mi barriga. Yo me he convertido en el Sisyfo de las dietas. La idea de perder aún diez libras ahora me parece una misión imposible.

Mi experiencia en la pérdida de peso me ha demostrado que un esfuerzo sostenido por un corto tiempo puede resultar en dramáticas consecuencias, pero para resultados de larga duración y permanentes, el esfuerzo debe ser sostenido y sin cesar.

Así también sucede con los logros espirituales. Podemos librarnos de hábitos y deseos pecaminosos por un corto tiempo después de una breve y estimulante experiencia. Pero sin una disciplina espiritual persistente, los momentos de logros espirituales dan paso a un fracaso continuo. La espiritualidad auténtica está ausente.

Jesús dijo que es bueno estar espiritualmente hambriento:

Bienaventurados los que tienen hambre y sed de justicia, porque ellos serán saciados.

Mateo 5:6

Nuestra vida física oscila entre períodos de hambre y tiempos de nutrición y abundancia. Cuando el estómago está lleno, nos sentimos como si nunca más fuéramos a tener hambre otra vez. Pero tan pronto se vacía, la tentación de llenarse viene otra vez.

La alimentación permanente nos permite escapar del patrón del hambre, saciedad y hambre nuevamente. Nosotros necesitamos el Pan de Vida para una permanente satisfacción.

Esta metáfora de alimento y bebida aparece en una parte de las enseñanzas de Jesús, en Su encuentro con la mujer samaritana:

Vino una mujer de Samaria a sacar agua; y Jesús le dijo: Dame de beber. Pues sus discípulos habían ido a la ciudad a comprar de comer.

La mujer samaritana le dijo: ¿Cómo tú, siendo judío, me pides a mí de beber, que soy mujer samaritana? Porque judíos y samaritanos no se tratan entre sí.

Respondió Jesús y le dijo: Si conocieras el don de Dios, y quién es el que te dice: Dame de beber; tú le pedirías, y él te daría agua viva.

La mujer le dijo: Señor, no tienes con qué sacarla, y el pozo es hondo. ¿De dónde, pues, tienes el agua viva? ¿Acaso eres tú mayor que nuestro padre Jacob, que nos dio este pozo, del cual bebieron él, sus hijos y sus ganados? Respondió Jesús y le dijo: Cualquiera que bebiere de esta agua, volverá a tener sed; mas el que bebiere del agua que yo le daré, no tendrá sed jamás; sino que el agua que yo le daré será en él una fuente de agua que salte para vida eterna.

La mujer le dijo: Señor, dame esa agua, para que no tenga yo sed, ni venga aquí a buscarla.

Juan 4:7-15.

Uno de los recuerdos más gratos de mi primer viaje a la Tierra Santa, es mi visita a Samaria. Situada al pie de la montaña llamada Gerizim junto al tradicional pozo de Jacob, yo visualicé la historia que se había desarrollado en ese lugar. El pozo cavado hace miles de años, todavía está funcionando, sus aguas calman la sed de los modernos seminómadas de esa región tal como calmó la sed de Jacob y su familia.

Parado sobre el mismo lugar donde Jesús conversó con la mujer de Sicar, yo me imaginé oyendo su voz, como si las ondas del sonido permanecieran suspendidas en el tiempo. La conversación comenzó inocentemente cuando Jesús le hizo una simple petición a la mujer samaritana: "Dame de beber".

En este ruego tan común reside una paradoja de inmensas proporciones. El Agua Viva estaba sediento. El Creador de todas las aguas, tenía ahora en su encarnación, necesidad de agua. Aunque su naturaleza divina no requería tal sustancia física, su naturaleza humana no podía sobrevivir sin ella.

Antes de responder a la petición de Jesús, la mujer lo interrogó sobre su violación del tabú cultural de que a los judíos les estaba prohibido conversar con los samaritanos.

Jesús aprovechó la oportunidad para proveerle una tenue y velada introducción de su verdadera identidad, y suavemente regañó a la mujer por no pedirle del agua que sólo Él podía proveer.

Si conocieras el don de Dios, y quién es el que te dice: Dame de beber; tú le pedirías, y él te daría agua viva.

Juan 4:10.

El problema era que la mujer no sabía con quién estaba hablando, y su ignorancia pudo haber causado que ella perdiera la oportunidad de toda una vida. El autor del descanso tenía la cura para la intranquilidad de la mujer samaritana, pero en ese momento ella no lo sabía.

Yo menciono este factor obvio porque el mismo apunta más allá de este aislado momento en la historia, hacia una condición humana perpetuamente sufrida por millones de personas. La ignorancia de la fuente del descanso es el principal impedimento que nos roba la posesión del descanso. Tanto como permanezcamos sin la información con relación a la fuente del descanso, estaremos destinados a un constante desasosiego.

La mujer estaba intrigada por la mención del agua viva, pero escéptica. Ella señaló dos obstáculos que aparentemente hacían la oferta de Jesús imposible de realizar:

Señor, no tienes con qué sacarla, y el pozo es hondo.

Juan 4:11

El hecho de que Jesús estuviera allí sin un cántaro para sacar el agua, sugirió a la mujer que era la jactancia de un holgazán. Él aparentemente carecía de los medios para ejecutar lo que decía, y la mujer, en este punto, carecía de la fe necesaria para recibir la oferta. El autor del libro de Hebreos declara:

Pero sin fe es imposible agradar a Dios; porque es necesario que el que se acerca a Dios crea que le hay, y que es galardonador de los que le buscan.

Hebreos 11:6

Este texto introduce el famoso "Cuando allá se pase lista" de los santos, una lista de personajes del Antiguo Testamento quienes creyeron que Dios era capaz de recompensar a todos aquellos quienes diligentemente le buscan.

La mujer samaritana todavía no había mostrado la fe de Noé, Abraham, Isaac, Jacob, José, ni la de muchos otros. La ironía aquí es que Jesús podía darle del agua viva aunque Él no tuviera el cántaro para sacar agua y a pesar de la profundidad del pozo, pero no era posible para esta mujer recibir agua viva sin fe en Aquel que se la estaba ofreciendo. La mujer formuló una segunda pregunta:

¿Acaso eres tú mayor que nuestro padre Jacob
quien nos dio este pozo...?

Juan 4:12

Jesús era mayor que Jacob, infinitamente más grande. Él era el creador y redentor de Jacob. Él era la escalera de Jacob que estableció el puente entre el cielo y la tierra, y sobre el cual ángeles ascendían y descendían. Ignorando la pregunta de la mujer y el ridículo que implicaba, Jesús resaltó su punto de su oferta original:

Cualquiera que bebiere de esta agua, volverá a tener sed;
mas el que bebiere del agua que yo le daré, no tendrá sed
jamás; sino que el agua que yo le daré, será en él una fuente
de agua que salte para vida eterna.

Juan 4:13-14

El agua del pozo de Jacob podía saciar la sed de la mujer sólo temporalmente. Jesús estaba hablando de una clase de agua diferente —el agua que no viene en cántaros ni se necesita un vaso para beberla, sino la que fluye de un manantial completamente diferente. Este manantial no estaba localizado al final del pueblo, requiriendo la tarea diaria de venir al pozo para sacar el agua. Este manantial sería localizado dentro de la mujer misma, y su fuente nunca se secaría. Ésta era agua para el alma, no para el cuerpo.

Cualquiera que puede dar agua al alma seca y sedienta es mayor que Jacob. Esta agua es una reserva que fluye desde la eternidad.

Finalmente, la mujer respondió con fe: "Señor, dame esa agua" (Juan 4:15).

La petición de ella es la de cada cristiano. Dame de esa agua, del agua que fluye por siempre, para que traiga satisfacción continua a mi alma.

Jesús le reveló a la sedienta mujer samaritana, que Él era el Mesías de Israel. Ella recibió esa revelación y dio testimonio: Entonces la mujer dejó su cántaro y fue a la ciudad y dijo a los hombres:

Venid, ved a un hombre que me ha dicho
todo lo que he hecho. ¿No será éste el Cristo?

Juan 4:28-29

La ironía final de este episodio es que la misma herramienta que despertó el escepticismo de la mujer —su cántaro— fue dejada atrás cuando ella cambió su atención del agua que ella había venido a buscar para satisfacer sus necesidades físicas, por el agua que ella encontró en Jesús para satisfacer sus necesidades espirituales.

Si nosotros combinamos la metáfora de la sed que Jesús usó, podemos ver que para librarnos de la sed, antes tenemos que estar sedientos. Aquellos que no tienen hambre, no tienen la esperanza de ser saciados. Los que no están sedientos, nunca encontrarán un manantial que brote dentro de sus propias almas.

David comparaba esta sed a la sed de un venado extenuado:

Como el ciervo brama por las corrientes de las aguas,
así clama por ti, oh Dios, el alma mía.
Mi alma tiene sed de Dios, del Dios vivo.

Salmo 42:1-2

Yo nunca he contemplado a un ciervo jadeando por agua, pero sí he visto a mis dos perros, pastores alemanes, jadeando por agua después de correr detrás de un ciervo. Aunque los perros estaban entrenados para responder instantáneamente a mis órdenes, sin importar lo mucho que yo pudiera gritar, ellos no se apartaron de la persecución una vez que se lanzaron detrás de un ciervo. Ningún perro puede correr tan rápido como un ciervo, sin embargo, solamente después que el ciervo se detiene debido a la extenuación, es que el perro realmente lo puede alcanzar. A mis perros siempre se les acababa el impulso mucho antes que al venado. Ellos se daban por vencidos después de dos o tres minutos.

Cuando mis perros regresaban después de perseguir a un ciervo, sus lenguas colgaban fuera de sus bocas y respiraban constantemente. La baba se le salía por los lados de sus bocas. Querían agua desesperadamente. Corrían hacia un charco y lamían el agua haciendo mucho ruido. En alguna parte del bosque yo sabía que había también un ciervo jadeando por agua. En alguna parte del bosque estaba el corazón acelerado de un ciervo después de la persecución.

El rey David pasó mucho más tiempo en el campo que yo, y estoy seguro que él pudo ver lo que yo sólo me puedo imaginar. Él pudo ver al ciervo después de escapar de sus depredadores. Él vivió en una tierra donde el agua era más escasa que en Pennsylvania, y el calor mucho más sofocante.

Un venado bajo estas condiciones no tiene más que una pasión consumidora —satisfacer su sed fiera. Esa pasión desesperada es la que David comparaba con el deseo de su propia alma por Dios:

Mi alma tiene sed de Dios, del Dios vivo.

Salmo 42:2

El clamor de David por algo más, no fue un interés casual. Tampoco era un pasatiempo. Su motivación no era el deber; era un deseo. Necesidad, no obligación, impulsaba su espíritu.

Un régimen de agua es a menudo indicado para las personas que están tratando de perder peso. Cuando se toma agua por esta razón, la sola vista de un vaso de agua se puede tornar en algo repugnante. Cuando no hay sed es difícil beber agua, pero es bien fácil beber agua cuando la sed necesita ser aplacada.

Jesús prometió saciar a todos los que están hambrientos y sedientos de justicia. Pero Él no hizo ninguna promesa de llenar a los que no están hambrientos y sedientos.

2

DULZURA Y MIEL: AMANDO LA PALABRA DE DIOS

*E*L ALMA SE DESPIERTA HACIA DIOS principalmente por el Espíritu de Dios así como Él penetra en nuestras almas con la Palabra de Dios. A veces no solamente descuidamos la Palabra sino que huimos de ella como si fuera algo ácido y desagradable. Otras veces la vemos como un juego de dónde seleccionamos las porciones que nos lucen atractivas mientras que pasamos por alto aquellas que no entendemos o que nos resultan desagradables.

En la vida del profeta Ezequiel encontramos un santo del Antiguo Testamento quien se saciaba de todo el consejo de Dios. Aun aquellas palabras que eran "duras de decir" se hacían deleitosas para él. Para que los cristianos progresen en el proceso de santificación, deben desarrollar un apetito por toda la Palabra de Dios —como lo hizo Ezequiel.

Él fue una de las víctimas de la cautividad en Babilonia. Fue deportado de su tierra natal y fue llevado a una nación extraña y pagana. Junto al Río Kevar él tuvo una notable visión de la gloria de Dios:

> *Y miré, y he aquí venia del norte un viento tempestuoso, una gran nube, con un fuego envolvente, y alrededor de él un resplandor, y en medio del fuego algo que parecía como bronce refulgente.*

> Ezequiel 1:4

El viento tempestuoso, la nube, y el fuego indicaban la presencia de la *teofanía*. Una *teofanía* es una manifestación exterior visible del Dios invisible, tal como lo vio Moisés en la zarza que ardía, y tal como aquella que los israelitas siguieron en el desierto en la forma de una columna de nube y de fuego. Tales visiones usualmente implican alguna manifestación de fuego y/o la apariencia de la nube de gloria llamada *Shekina*, la cual es caracterizada por una brillantez radiante y deslumbrante.

Tales manifestaciones de la gloria divina siempre llenan de pavor y admiración al observador. Esto significa la presencia terrible del Dios Viviente, el cual es fuego consumidor. La visión de Ezequiel se asemeja a la visión del profeta Isaías y a la del apóstol Juan en Apocalipsis. Sin embargo, lo que sigue a la visión de Ezequiel es único:

> *Y en medio de ella la figura de cuatro seres vivientes. Y esta era su apariencia: había en ellos semejanza de hombre. Cada uno tenía cuatro caras, y cuatro alas. Y los pies de ellos eran derechos, y la planta de sus pies como la planta de pie de becerro, y centellaban a manera de bronce muy bruñido.*

> Ezequiel 1:5-7

La descripción de estas cuatro criaturas trae a la mente al querubín de Dios ubicado al oriente del huerto del Edén, armado con una espada encendida para guardar el árbol de la vida (Génesis 3:24). Ellas también se parecen a las cuatro bestias que están alrededor del trono junto al mar de cristal en Apocalipsis 4:6-8, excepto que las criaturas en la visión de Juan tenían seis alas, así como las tenía el serafín de Isaías 6.

La extraña locomoción desplegada por las criaturas en Ezequiel ha provocado toda suerte de extraña especulación, incluyendo la idea de que Ezequiel estaba siendo testigo de una visitación antigua por un extraterrestre en un platillo volador.

Pero el origen de las cuatro criaturas vivientes no era Marte ni Venus. Su morada era el mismo cielo. Ezequiel lo describe más adelante:

> *Debajo de sus alas, a sus cuatro lados, tenían manos de hombre; y sus caras y sus alas por los cuatro lados. Con las alas se juntaban el uno al otro. No se volvían cuando andaban, sino que cada uno caminaba derecho hacia adelante. Y el aspecto de sus caras era cara de hombre; y cara de león al lado derecho de los cuatro; y cara de buey a la izquierda en las cuatro; asimismo había en ellos cuatro caras de águila.*

Ezequiel 1:8-10

Las cuatro criaturas vivientes soportaban la plataforma del trono de Dios. Ellas tenían una forma casi humana y se paraban sobre sus pies. Tenían rostros y manos de hombre, sin embargo, diferían dramáticamente de un ser humano normal. Cada una tenía cuatro rostros, cuatro alas, y pies, que eran como las patas del becerro.

Las criaturas de cuatro rostros representan la forma más alta de la vida creada: El hombre mencionado primero, tenía su rostro hacia delante; el león que era considerado el rey del reino animal; el buey que era el rey de los animales domésticos; y el águila como el gobernador de los cielos.[1] Éstas criaturas de cuatro rostros aparecen otra vez en Apocalipsis 4:7. Los rostros fueron usados más tarde como símbolos de los cuatro evangelios escritos —Mateo fue representado en el arte cristiano como el hombre, Marcos como un león, Lucas como un buey, y Juan como un águila. Las cuatro criaturas formaban un cuadrado perfecto. "El cuadrado" significa perfecta simetría. No tenía importancia desde qué ángulo uno observara las criaturas, un rostro diferente se podía ver en todas ellas. Todos los cuatro rostros eran visibles desde cualquier ángulo. El rostro más cercano siempre era el de un ser humano; el rostro sobre la izquierda sería el rostro del buey; el rostro a la derecha sería el del león; y el de la parte trasera sería el rostro del águila.[2]

Así eran sus caras. Y tenían sus alas extendidas por encima, cada uno dos, las cuales se juntaban; y las otras dos, cubrían sus cuerpos.

Ezequiel 1:11

Las criaturas estaban enlazadas unas con otras por la punta de sus alas. Las dos alas de cada una de ellas se abrían para tocar las de la otra, asemejándose a las alas abiertas del querubín que guardaba el arca sagrada del pacto (Vea Éxodo 25:20).

Las criaturas tenían solamente cuatro alas, diferenciándose del querubín de seis alas de Isaías 6. ¿Por qué solamente cuatro alas? Probablemente porque ellas no tenían necesidad del tercer par de alas, las cuales eran usadas para volar. Estas criaturas angélicas tenían una forma diferente de locomoción. Dos alas cubrían sus cuerpos de la gloria divina, mientras que las otras dos, sostenían la plataforma celestial sobre la cual se encontraba el trono de Dios.

Y cada uno caminaba derecho hacia adelante; hacia dónde el espíritu les movía que anduviesen, andaban; y cuando andaban, no se volvían. Cuanto a la semejanza de los seres vivientes, su aspecto era como de carbones de fuego encendidos, como visión de hachones encendidos que andaban entre los seres vivientes; y el fuego resplandecía, y del fuego salían relámpagos. Y los seres vivientes corrían y volvían a semejanza de relámpagos.

Ezequiel 1:12-14

Aunque los eruditos no están de acuerdo sobre el significado de esta porción de la visión, yo opino que la misma nos da una idea de la locomoción impulsada por el Espíritu Divino. En un comentario sobre Ezequiel, Walter Eichrodt observa:

> Lo que se imagina aquí no es el progreso sobre la superficie de la tierra, sino el revoloteo entre las nubes, las cuales forman un fondo brillante y resplandeciente en las que se proyectan estas criaturas. Las mismas no tienen voluntad propia sino que son dirigidas por el poder del Espíritu que se mueve a través de ellas. Debido a que sus rostros miran hacia los cuatro puntos cardinales, no es necesario que giren, y así aparecen como si se las estuviera mirando de frente.[3]

En el centro del cuadrado vacío creado por las cuatro criaturas vivientes estaba el fuego brillante, los carbones encendidos, y las lámparas, acentuado por los resplandores de los relámpagos. Todas estas imágenes sugieren una *teofanía*. En la visión de Abraham, en la cual Dios le juró por sí mismo, Dios le apareció como un horno humeante y lámparas ardientes que se movían entre los pedazos de los animales descuartizados (Génesis 15:17), indicando claramente la presencia divina. Así como la iluminación de Dios resplandecía sobre el Monte Sinaí, aquí se señalaba el movimiento de los seres angélicos impulsados por el Espíritu Santo de Dios.

LAS RUEDAS DE LA VISIÓN DEL PROFETA EZEQUIEL

La siguiente parte de la visión del profeta describe la carroza celestial del trono de Dios, una carroza de fuego simbolizando la gloriosa presencia de Dios:

> *Mientras yo miraba los seres vivientes, he aquí una rueda sobre la tierra junto a los seres vivientes, a los cuatro lados. El aspecto de las ruedas y su obra era semejante al color*

del crisólito. Y los cuatro tenían una misma semejanza; su apariencia y su obra eran como rueda en medio de rueda. Cuando andaban, se movían hacia sus cuatro costados; no se volvían cuando andaban. Y sus aros eran altos y espantosos, y llenos de ojos alrededor en las cuatro. Y cuando los seres vivientes andaban, las ruedas andaban junto a ellos: y cuando los seres vivientes se levantaban de la tierra, las ruedas se levantaban. Hacia donde el espíritu les movía que anduviesen, andaban; hacia donde les movía el espíritu que anduviesen, las ruedas también se levantaban tras ellos; porque el espíritu de los seres vivientes estaba en las ruedas.

Cuando ellos andaban, andaban ellas, y cuando ellos se paraban, se paraban ellas; asimismo cuando se levantaban de la tierra, las ruedas se levantaban tras ellos; porque el espíritu de los seres vivientes estaba en las ruedas.

Ezequiel 1:15-21

Esta visión es casi, sino toda, imposible de imaginar para nosotros. El texto sugiere un objeto que tenía ruedas consistentes de dos discos que se bifurcaban el uno del otro en ángulos rectos. Éstos se podían mover en cualquier dirección sin tener que doblar. El hecho de que estaban "llenos de ojos" les daba una terrible apariencia. La visión sugiere una carroza-trono divino que está sobre y por encima de este mundo. Las ruedas dentro de las ruedas indican la omnipresencia de Dios. El carro puede fácilmente levantarse a sí mismo de la tierra y desplegarse en cualquier dirección. No está fijo ni atado.[4]

La carroza gloriosa de Dios aparece en otro lugar de Las Escrituras. Elías partió de esta tierra en una carroza de fuego:

Y aconteció que, yendo ellos y hablando, he aquí un carro de fuego con caballos de fuego los apartó a los dos: y Elías subió al cielo en un torbellino.

2 Reyes 2:11

Esta extraordinaria experiencia fue presenciada por el discípulo de Elías, Eliseo, y ésta no se suponía que fuera la última vista que Eliseo tendría de las cosas divinas que se encontraban detrás del velo. Para emboscar a Eliseo, el rey de Siria despachó una gran expedición de soldados, carros y caballos para rodear a Dotan por la noche, donde estaba el profeta Eliseo. Cuando el sirviente de Eliseo se levantó por la mañana él se aterrorizó al darse cuenta que ellos estaban rodeados por una horda del ejército sirio. Él despertó a Eliseo y le advirtió del gran peligro que corrían. Eliseo, manteniendo la calma, le dijo:

No tengas miedo: porque más son los que están con nosotros que los que están con ellos.
Y oró Eliseo y dijo: Te ruego, oh Jehová, que abras sus ojos para que vea. Entonces Jehová abrió los ojos del criado y miró: y he aquí que el monte estaba lleno de gente de a caballo, y de carros de fuego alrededor de Eliseo.

2 Reyes 6:16-17

Dios capacitó a Eliseo para que viera más allá del alcance normal de la percepción humana, en otra dimensión. Lo que era invisible se hizo visible para él.

Más allá del registro de las Sagradas Escrituras hay por lo menos un registro histórico dramático de la visión de las carrozas divinas. Este registro viene del historiador judío Josefo quién proveyó una cuenta detallada y un informe de testigos oculares del cerco de Jerusalén, construido por los ejércitos romanos bajo la dirección del general Tito. Josefo da su cuenta con alguna inquietud, obviamente temeroso de que su informe sería demasiado extraordinario para que fuese creído por cualquier lector sobrio:

NUEVAMENTE, NO MUCHOS DÍAS DESPUÉS DE LA FIESTA, EL DÍA VEINTIUNO DEL MES DE ARTEMISIUM, UNA APARICIÓN SOBRENATURAL fue vista, demasiado asombrosa para ser creída. Lo que yo estoy por relatarles en este momento, habría sido, rechazado como imaginario, si esto no hubiese sido confirmado por testigos oculares, seguido de desastres subsecuentes que merecen ser así señalados. Porque antes de la puesta del sol fueron vistas las carrozas moviéndose por el aire en toda la nación, un batallón armado moviéndose a toda velocidad a través de las nubes y girando alrededor de las ciudades. De nuevo otra vez, en la fiesta llamada Pentecostés, cuando los sacerdotes habían entrado por la noche en los cuartos interiores del templo para realizar sus ministerios cotidianos, declararon que al principio estaban conscientes de una violenta conmoción y estrépito, y entonces una voz como la de un invitado gritó: "Nos estamos yendo de aquí".[5]

Si este extraordinario registro tiene alguna semejanza a la realidad, es impresionante que las carrozas celestiales anunciaron su partida justamente antes de la peor catástrofe que jamás le aconteció a Sion. Los carros divinos que protegían a Eliseo dejaron de proteger a Israel cuando el juicio de Dios cayó sobre la ciudad de Jerusalén.

LA GLORIA DIVINA

La visión de Ezequiel alcanza su *clímax* con la manifestación de la gloria divina:

Y sobre las cabezas de los seres vivientes aparecía una expansión a manera de cristal maravilloso, extendido encima sobre sus cabezas. Y debajo de la expansión las alas de ellos estaban derechas, extendiéndose la una hacia la otra; y cada uno tenía dos alas que cubrían su cuerpo.
Y oí el sonido de sus alas cuando andaban, como sonido de muchas aguas, como la voz del Omnipotente, como

ruido de muchedumbre, como el ruido de un ejército. Cuando se paraban, bajaban sus alas. Y cuando se paraban y bajaban sus alas, se oía una voz de arriba de la expansión que había sobre sus cabezas. Y sobre la expansión que había sobre sus cabezas, se veía la figura de un trono que parecía de piedra de zafiro; y sobre la figura del trono había una semejanza que parecía de hombre sentado sobre él.

Y vi apariencia como de bronce refulgente, como apariencia de fuego dentro de ella en derredor, desde el aspecto de sus lomos para arriba; y de sus lomos para abajo, vi que parecía como fuego, y que tenía resplandor alrededor.

Ezequiel 1:22-27

Esta visión es una anticipación del mar de cristal de Apocalipsis 4:6. Ezequiel ve una figura como un hombre sentado sobre un trono celestial. La figura reboza una fogosa presencia, resplandeciente con la brillantez de la majestad divina.

Como parece el arco del cielo que está en las nubes el día que llueve, así era el parecer del resplandor alrededor. Ésta fue la visión de la semejanza de la gloria de Jehová. Y luego que yo la vi, me postré sobre mi rostro, y oí una voz de uno que hablaba.

Ezequiel 1:28

La vista de Ezequiel del arco iris es reflejada en la visión de Juan en Apocalipsis 4:3. La refulgente gloria que brillaba alrededor hizo que Ezequiel cayera a tierra. Él cayó sobre su rostro. Una reacción bíblica normal de los humanos que llegan a contemplar la gloria de Dios. Ésta fue probablemente la postura de Isaías cuando él recibió su llamamiento (Isaías 6) y ciertamente la de Pedro, la de Jacobo, y la de Juan en el Monte de la Transfiguración (Mateo 17:6).

Mientras Ezequiel estaba postrado Dios le habló. Él no oyó la voz de Dios hasta que estuvo tendido sobre su rostro delante del Señor.

Me dijo: Hijo de hombre ponte sobre tus pies, y hablaré contigo. Y luego que me habló, entró el Espíritu en mí y me afirmó sobre mis pies, y oí al que me hablaba.

Ezequiel 2:1-2

En este momento Dios le hizo dos cosas al profeta. Primero, Él envió su Espíritu dentro del profeta. Segundo, hizo que se levantara sobre sus pies. El profeta no se levantó por su propio poder. Su impotencia delante de la majestad de Dios fue sanada por el poder del Espíritu de Dios. La secuencia aquí es importante. Primero el Espíritu entro en él, luego él se pudo levantar y oír la voz de Dios.

EL LLAMAMIENTO PROFÉTICO Y SU COMISIÓN

Los profetas del Antiguo Testamento no recibieron sus credenciales de instituciones humanas. Ellos no pertenecían a una línea ordinaria de sirvientes, tales como aquellos que heredaban sus posiciones como sacerdotes por ser de la tribu de Leví. Para calificar para el trabajo de profeta, uno tenía que recibir un llamamiento directo e inmediato de Dios mismo, así como en el Nuevo Testamento los apóstoles fueron autorizados por una comisión directa de Cristo. El profeta, como el apóstol, es uno enviado en una misión por Dios para hablar la Palabra de Dios con nada menos que la autoridad divina. En Israel los profetas servían como jueces o fiscales de Dios. Ellos equipados con citaciones divinas, fueron a presentar demandas contra Israel por quebrantar el pacto con Dios.

En el capítulo 2, Ezequiel registra el contenido de su llamamiento, aquello lo cual definiría su vocación:

Y me dijo: Hijo de hombre, yo te envío a los hijos de Israel,
a gentes rebeldes que se rebelaron contra mí; Ellos y sus
padres se han rebelado contra mí hasta este mismo día. Yo
pues te envío a hijos de duro rostro y de empedernido
corazón; y les dirás: así ha dicho Jehová el Señor.
   Acaso ellos escuchen; y si no escucharen, porque son una
casa rebelde, siempre conocerán que hubo profeta entre
ellos.

Ezequiel 2:3-5

Ezequiel no fue enviado a emitir sus propias opiniones ni a
ventilar su propio enfado. Él fue comisionado para hablar el
mensaje de Dios. Él tiene que introducir su mensaje con "así
dice el Señor Dios", no "esto es lo que pienso". Aquí vemos
un ejemplo de la doble fuente del autor de las Sagradas
Escrituras. Aunque el texto de la Biblia fue escrito por autores
humanos, el mismo, no obstante, es la *vox Dei*, voz de Dios.
Los escritores son los mensajeros, pero el mensaje es de Dios.

EL TEMOR QUE DEBE SER VENCIDO

La tarea profética fue onerosa a todos a quienes la llevaron.
¿Cuál de los profetas no fue odiado y perseguido por su propio
pueblo? Había mucho, humanamente hablando, que temer.
El principal requisito de un profeta era valor:

Y tú, hijo de hombre, no les temas, ni tengas miedo de sus
palabras, aunque te hallas entre zarzas y espinos, y moras
con escorpiones; no tengas miedo de sus palabras, ni temas
delante de ellos, porque son casa rebelde. Les hablarás pues
mis palabras, escuchen o dejen de escuchar; porque son
muy rebeldes.

Ezequiel 2:6-7

Las imágenes que Dios usa en su amonestación al profeta son gráficas. Él está enviando al profeta Ezequiel a un sitio rodeado de espinas y zarzas. Este sitio pudiera ser bueno para un conejo, pero es un lugar desolado y amenazador para un ser humano. Contrario al Edén dónde no había espinas ni zarzas, espinas y zarzas señalan a un lugar donde está la maldición de Dios. Éste es un lugar habitado por escorpiones, similar al desierto de Judea donde Jesús estuvo expuesto a la tentación de Satanás por cuarenta días.

En esta casa de desolación Ezequiel sería expuesto a palabras ásperas y a miradas hostiles. Él tendría que soportar insultos, mentiras, críticas sin fin, y cosas que fácilmente intimidan a muchos predicadores. Casi todos los predicadores adquieren la destreza de leer el lenguaje del cuerpo de los miembros de su congregación. Él puede leer sus rostros y saber cuándo ellos están aburridos o enojados. Una mirada hostil puede ser todo lo que se necesita para hacer que un predicador cambie su mensaje en medio de un sermón para acomodar los deseos del oyente. Esta destreza, producto del miedo y la intimidación, fue practicada por los falsos profetas de Israel. A Ezequiel esto le fue prohibido:

Más tú, hijo del hombre, oye lo que yo te hablo; no seas tú rebelde como la casa rebelde; abre tu boca y come lo que yo te doy.

Ezequiel 2:8

Ezequiel fue llamado a ser diferente. Aunque él era un israelita, miembro de la casa rebelde, él no debía participar de la rebelión de ellos.

Dios no responsabiliza a Ezequiel de hacer que la gente oyera la palabra de Dios. Sus responsabilidades eran, primero, oír la Palabra de Dios aunque ningún otro quisiera oírla, y segundo, proclamarla con toda fidelidad.

La tarea de Ezequiel se hace eco en la de otro profeta, quien se quedó en Israel, lo que Ezequiel había de profetizar desde la cautividad, Jeremías lo hizo desde la misma tierra de Israel. La misma responsabilidad le fue dada a los dos.

Cuando el profeta Jeremías se quejó de que el pueblo prefería el mensaje de los falsos profetas antes que el suyo, Dios le respondió:

Yo he oído lo que aquellos profetas dijeron, profetizando mentira en mi nombre, diciendo: Soñé, soñé. ¿Hasta cuándo estará esto en el corazón de los profetas que profetizan mentira, y que profetizan el engaño de su corazón? ¿No piensan como hacen que mi pueblo se olvide de mi nombre con sus sueños que cada uno cuenta a su compañero, al modo que sus padres se olvidaron de mi nombre por Baal? El profeta que tuviere un sueño, cuente el sueño; y aquel a quién fuere mi palabra, cuente mi palabra verdadera. ¿Qué tiene que ver la paja con el trigo? dice Jehová.

Jeremías 23:25-28

Tal como Jeremías, Ezequiel fue llamado para ser "trigo", absteniéndose de los hábitos de la "cizaña". Su trabajo no fue preocuparse por lo que otros decían o hacían. Su tarea era ser fiel a la palabra que él recibía de Dios.

Para cerciorarse que Ezequiel abrazara enteramente la palabra comisionada, Dios le ordenó que se la comiera.

Y miré, y he aquí una mano extendida hacia mí, y en ella había un rollo de libro. Y lo extendió delante de mí, y estaba escrito por delante y por detrás; y había escritas en él endechas y lamentaciones y ayes. Me dijo: Hijo de hombre, come lo que hallas; come este rollo, y ve y habla a la casa de Israel.

Ezequiel 2:9-3:1.

Dios le ordenó a Ezequiel consumir el rollo. Su mensaje era apenas buenas noticias. No era el evangelio lo que a él se le ordenó que devorara. Este alimento de la Palabra de Dios fue uno de lamentaciones, murmuraciones, y aflicciones. El mismo era un oráculo del juicio e ira divina. Esto era una dieta de amargura.

Una orden similar le fue dada a Juan en Apocalipsis 10:9-10:

> Y fui al ángel, diciéndole que me diese el librillo. Y él me dijo: Toma, y cómelo; y él te amargará el vientre, pero en tu boca será dulce como la miel. Entonces tomé el librillo de la mano del ángel, y lo comí; y era dulce en mi boca como la miel; y cuando lo hube comido, amargó mi vientre.

Ezequiel tuvo la misma experiencia:

> Y abrí mi boca, y me hizo comer aquel rollo. Y me dijo: Hijo de hombre, alimenta tu vientre, y llena tus entrañas de este rollo que yo te doy. Y lo comí y fue en mi boca dulce como miel. Luego me dijo: Hijo de hombre, ve y entra a la casa de Israel y habla a ellos con mis palabras.

Ezequiel 3:2-4

Dios mandó a Ezequiel a hacer algo más que mascar y tragarse el rollo. Él le dijo que llenara sus entrañas con él. No bastaba con saborear la Palabra de Dios; tenía que digerirla también. Dios mandó que su Palabra llenara las corrientes sanguíneas de Ezequiel, que ésta se convirtiera en parte de sus vísceras.

Ezequiel experimentó "algo más". Su experiencia religiosa personal transcendió a la vida cristiana normal. Hoy día Dios no nos da despliegues visibles de su gloria divina como le dio a Ezequiel. Pero nosotros tenemos la Palabra de Dios. Ciertamente nosotros poseemos la Palabra de Dios en un grado mucho mayor de la que Ezequiel aun disfrutó.

Nosotros tenemos el evangelio para gustar, masticar, tragar, y digerir. El mismo no deja amargura en nuestros vientres. Sin embargo, hay algo que inhibe el gusto de nuestro paladar. Cuando nosotros leemos porciones de la Escritura que revelan lamentaciones y ayes raras veces nos parecen dulzura y miel.

¿Por qué tales palabras eran tan dulces al profeta Ezequiel? Ciertamente no fue porque él tenía un espíritu sádico o porque era tan hostil con su propio pueblo que se deleitaba en oír los juicios de Dios sobre ellos.

No, Ezequiel podía gustar la dulzura y la miel por dos razones. La primera está relacionada con la notable visión que tuvo. Una vez que él vio la manifestación visible de la gloria de Dios, su alma y corazón fueron capturados, por un entendimiento de la santidad de Dios. Para encontrar "algo más", cada uno de nosotros debe ser primero cautivado por la santidad de Dios. Solamente una vista de la santidad divina puede conducir a un cristiano a llegar a ser una reflexión humana de esa santidad. Segundo, los duros dichos de Dios fueron dulzura y miel para Ezequiel porque él entendió que aun la ira de Dios y sus juicios son una expresión de su pureza.

El cristiano que busca una experiencia más profunda de Dios, si ignora los duros dichos de la Escritura, no llegará a ningún lado. La nutrición completa del alma requiere que nos alimentemos de todo el consejo de Dios.

Ezequiel experimentó más que una revelación. Añadido a la revelación estaba el don sobrenatural de iluminación. Solamente cuando la Escritura es iluminada por el Espíritu Santo, ésta se convierte en su totalidad, en dulzura y miel. Ésta es la iluminación que nosotros debemos buscar si hemos de experimentar la dulzura de la Palabra de Dios.

3

ILUMINACIÓN DIVINA: EL SECRETO DEL PROGRESO CRISTIANO

*L*A HISTORIA DE LA CRISTIANDAD NOS revela un flujo y reflujo de visitaciones divinas de gracia por las cuales un gran número de personas fueron despertadas a un nivel más profundo en la santa búsqueda de Dios. Ciertos movimientos en la historia sobresalen como momentos de un extraordinario despertar. En el siglo dieciocho, Norteamérica experimentó lo que los historiadores llaman "El gran avivamiento". El gran avivamiento fue alimentado en gran medida por la influencia de los grandes puritanos ingleses quienes nos dejaron un legado en la Nueva Inglaterra.

Si hubo alguna vez un grupo de cristianos que fueran ejemplos de la vida cristiana, éstos fueron los puritanos, quienes fueron vigorosos en la búsqueda de la santidad personal. Ninguno ha superado el nivel alcanzado por el teólogo americano más grande, el puritano Jonathan Edwards. Si algún hombre alguna vez entendió el secreto de buscar algo más para encontrar el descanso del alma, ese fue Jonathan Edwards.

En 1734 Edwards predicó un sermón en Northhampton, Massachussets, el cual fue después publicado por el impulso de su congregación. Este sermón es menos conocido que su sermón "Pecadores en las manos de un Dios airado", el cual predicó en Enfield siete años más tarde, pero el sermón anterior es crucial para que podamos entender el "secreto" para progresar en la vida cristiana.

El título del sermón del año 1734 fue "Una luz divina y sobrenatural, inmediatamente impartida al alma por el Espíritu de Dios, manifestada para ser una doctrina tanto escritural como racional".

El título por sí mismo es suficiente para intimidar a los lectores modernos. El texto de su sermón fue San Mateo 16:17:

> *Entonces, le respondió Jesús: Bienaventurado eres, Simón, hijo de Jonás; porque no te lo reveló carne ni sangre, sino mi padre que está en los cielos.*

El texto fue tomado del discurso contenido en la "Gran Confesión" de Pedro en Cesarea de Filipo, donde Jesús inquirió a sus discípulos concernientes a las opiniones populares sobre su identidad. Él primero les preguntó: "¿Quién dicen los hombres que es el Hijo del Hombre?"

Después de escuchar el consenso público, entonces Jesús le preguntó a los discípulos: "Y vosotros ¿quién decís que yo soy?"

Pedro declaró enfáticamente: "Tú eres el Cristo, el Hijo del Dios Viviente".

En respuesta a esta confesión: "Bienaventurado eres tú..." Edwards explica esto diciendo:

> Tú eres distinguidamente feliz. Los otros están ciegos, y tienen oscuras y diluidas aprensiones, como tú ahora te has dado cuenta, algunos piensan que yo soy Elías, o Jeremías, y otros una cosa u otra, pero ninguno de ellos ha pensado correctamente, todos han estado mal orientados. Bienaventurado eres tú, eres tan distinguido que conoces la verdad sobre este asunto.[1]

La primera cosa que nosotros notamos aquí es que la bendición, la felicidad singular gozada por Simón Pedro, estaban relacionadas a un entendimiento peculiar de la verdad. Contrariamente a la máxima popular "la ignorancia es felicidad", la felicidad de Pedro estaba enraizada en el conocimiento correcto.

La tendencia del cristiano moderno es ignorar o restar importancia a la doctrina correcta. Cansados de disputas sin fin, los cristianos de hoy abrazan la idea de que lo que realmente importa son las relaciones correctas, no la sana doctrina. La idea de que una es más importante que la otra es una falsa premisa; tanto una como la otra es de importancia. Aún más, el decir que las relaciones tienen más valor que la doctrina es una actitud arrogante que viola el carácter del Espíritu Santo, el cual es el Espíritu de Verdad. El cristiano que descuida la verdad, en el mejor de los casos, está lejos de la bendición de la cual Pedro participó y, en el peor de los casos, no es un cristiano en absoluto.

Edwards entendió, sin embargo, que el conocimiento correcto, abstractamente considerado, no era suficiente. Es una clase particular de conocimiento captado de una manera particular que es crucial para la felicidad.

El fundamento para la felicidad de Pedro fue un conocimiento no obtenido por medios naturales (por ejemplo, por "sangre y carne").

Edwards creía, como San Agustín, y Santo Tomás de Aquino antes que él, que "Dios es el autor de todo conocimiento y de todo entendimiento. Él es el autor de toda prudencia moral, y de toda la habilidad que los hombres utilizan en sus negocios seculares".[2]

Edwards iba más allá del hecho de que Dios creó seres humanos con cerebro para la habilidad de aprender a hacer cosas por sí mismo por vía de la especulación racional o la investigación empírica. Que Dios es el autor de todo conocimiento significa que Él, por sí mismo, es la fuente de todo conocimiento. Todo conocimiento descansa sobre la revelación de Dios. Esta revelación se refiere, no solamente a la revelación especial dada en la Escritura, sino también a la revelación general que Dios da en la naturaleza.

San Agustín argumentaba que así como el ojo depende de la luz para poder ver cualquier cosa (el ojo humano no percibe nada en la oscuridad total), de la misma forma no puede haber conocimiento alguno sin la luz previa de la divina revelación.[3]

El conocimiento que produce la felicidad es el conocimiento dado por revelación especial. Este conocimiento es superior al que puede ser obtenido por naturaleza. Al describir el conocimiento secular o natural, Edwards dice:

Dios es el autor de tal conocimiento; no obstante, el mismo se revela por medio de carne y sangre. Los hombres mortales tienen la capacidad de impartir los conocimientos de las artes y ciencias humanas, y habilidades en asuntos temporales. Dios es el autor de tal conocimiento a través de esos medios: La sangre y la carne, éstas son utilizadas como un medio y como algo secundario: Él lo transmite por el poder e influencia de los medios naturales.[4]

Edwards entonces distingue entre el conocimiento secular y el conocimiento dado a Pedro en Cesarea de Filipo:

Pero de este conocimiento espiritual del cual hablamos en el texto, Dios es el autor, y nadie más. Él imparte este conocimiento inmediatamente, sin hacer uso de ningún intermediario o causa natural, como Él hace con el otro conocimiento.[5]

Edwards usa un lenguaje aquí con el cual su congregación estaba bien familiarizada, pero que no es común para los cristianos modernos.

La distinción que Edwards hace es entre revelación inmediatamente comunicada por Dios y revelación que es comunicada en forma mediata. En el lenguaje popular la palabra "inmediatamente" se refiere a algo que sucede "ahora mismo".

Usando esto en un sentido más técnico, sin embargo, Edwards quiere decir "sin ningún intermediario". La revelación inmediata viene directamente de Dios al receptor. Ningún objeto, libro, persona, o alguna otra cosa actúa como conductor del mensaje. Éste viene directamente de la mente de Dios a la mente del hombre.

En el resto de su sermón, Edwards se extiende sobre la naturaleza de esta luz divina y cómo puede ser obtenida.

Para dar una clara definición a la luz sobrenatural y divina, él comienza usando la negación. Esto es, lo primero que dice que ella no es:

Esas convicciones que el hombre natural puede tener de su pecado y miseria, no es la luz divina y espiritual. El hombre en su condición natural puede tener convicciones de culpa que pesa sobre él, y de la ira de Dios, y del peligro de la venganza divina. Esas convicciones proceden de la luz de la verdad .... La consciencia es un principio natural del hombre; y el trabajo que ésta hace naturalmente, o por sí misma, es dar una aprensión de lo bueno y de lo malo .... Pero en la obra de renovación y santificación del Espíritu Santo, esas cosas son operadas en el alma, que está por encima de la naturaleza, y de lo cual no hay nada de esto en el alma por la naturaleza....[6]

Aquí nosotros consideramos la esencia de las enseñanzas de Edwards, donde él habla sobre el conocimiento que va más allá de la mente y penetra el alma. Nosotros podemos entender una doctrina con nuestra mente. Nosotros aun podemos tener un entendimiento perfectamente ortodoxo de la verdad sin que la verdad jamás penetre en nuestra alma. El entendimiento que atraviesa el alma es el que nosotros buscamos, el entendimiento operado en nosotros por el Espíritu Santo.

Mi primera experiencia de este tipo de cosas sucedió la noche que me convertí. Fui guiado a Cristo por un jugador de fútbol (americano) en el dormitorio de los novatos en la universidad. En nuestra conversación él no mencionó ninguno de los textos clásicos "de salvación". En cambio él discutió conmigo sobre el libro de Eclesiastés. Un versículo golpeó entre mis ojos, se apoderó de mi alma, y me arrancó de mi dogmático sopor:

Si las nubes estuvieren llenas de agua, sobre la tierra la derramarán: y si el árbol cayere al sur, o al norte, en el lugar que el árbol cayere, allí quedará.

Eclesiastés 11:3

¿Qué podría ser más obvio que la idea que "Donde el árbol cayere, allí quedará?" Pero para mí este simple concepto fue profundo porque yo me veía a mí mismo como un árbol que está a punto de venirse abajo. En realidad ya me había caído, y a menos que sucediera algo, yo iba a yacer ahí y podrirme. No podía llamar por teléfono al 911, (número telefónico para emergencias) y llorar, "¡me he caído, y no me puedo levantar!" Instantáneamente supe que necesitaba más ayuda de la que yo podía lograr por teléfono. Fue esta imagen la que me llevó a caer de rodillas en arrepentimiento. El Espíritu Santo no me dio una nueva revelación, Eclesiastés 11:3 ha estado impreso por miles de años. Pero él mismo golpeó mi alma. Este golpe no fue una revelación; fue la iluminación divina por la cual lo revelado originalmente se hizo una realidad para mi vida en ese momento. A menudo me maravillo si alguna otra persona se convierte por este versículo.

Edwards posteriormente hace una distinción entre la forma en el que el Espíritu Santo obra con los incrédulos y cómo lo hace con los creyentes:

El Espíritu Santo puede realmente obrar sobre la mente del hombre natural, pero Él obra en la mente de un santo como un vital principio interior. Él actúa sobre la mente de una persona que no ha sido regenerada como un agente

OCASIONAL EXTERNO; AL ACTUAR SOBRE ELLOS, NO SE UNE A ELLOS; PORQUE A PESAR DE TODAS LAS INFLUENCIAS QUE PUEDAN POSEER, ELLOS TODAVÍA SON SERES SENSUALES QUE NO TIENEN AL ESPÍRITU.[7]

Edwards está describiendo a una persona inconversa, no a un cristiano carnal. Edwards no conocía nada de los llamados cristianos carnales y hubiera, probablemente, considerado el concepto como una contradicción de términos. La gente no regenerada puede experimentar el obrar del Espíritu sobre ellos. Lo que a ellos les falta es la morada y el obrar interno del Espíritu Santo.

PERO ÉL SE UNE CON LA MENTE DE UN SANTO, Y LO LLEVA A UN NUEVO PRINCIPIO SOBRENATURAL DE VIDA Y ACCIÓN. LA DIFERENCIA RADICA EN, QUE EL ESPÍRITU DE DIOS ACTUANDO EN EL ALMA DE UNA PERSONA PIADOSA, EJERCE Y SE COMUNICA A SÍ MISMO EN SU PROPIA NATURALEZA. LA SANTIDAD ES LA PROPIA NATURALEZA DEL ESPÍRITU DE DIOS.[8]

Edwards es muy cuidadoso en distinguir entre la iluminación del Espíritu Santo, de una nueva relación. Este es un punto de contención en nuestros días entre los cristianos tradicionales y aquellos que abrazan la forma de la teología neo-pentecostal. Muchos hoy, incluyendo predicadores de la televisión como Benny Hinn y Robert Tilton, reclaman que ellos reciben nuevas y privadas revelaciones de Dios. Edwards nos urgiría a huir, por nuestra vida, de tales predicadores:

Esta luz espiritual no es la sugerencia de que cualquier nueva verdad o proposición no esté en la Palabra de Dios. Esta sugerencia de nuevas verdades o doctrinas de la mente, independiente de cualquier revelación antecedente a estas proposiciones, ya sea por palabra o escrita, es inspiración; como la tuvieron los profetas y los apóstoles, y tal como algunos entusiastas pretenden tener. Pero esta luz espiritual de la cual yo estoy hablando es una cosa muy diferente de la inspiración. La misma, no revela nueva doctrina, ni sugiere nuevas proposiciones a la mente, ni enseña ninguna cosa nueva sobre Dios, o Cristo, u otro mundo, que no sea parte de la enseñanza de la Biblia, sino que sólo da una debida comprensión de aquellas cosas que son enseñadas en la Palabra de Dios.[9]

La clave para este párrafo se encuentra en la última frase: da una debida comprensión. El Espíritu Santo, originalmente, inspiró la revelación de la Biblia. La iluminación de esa revelación es una obra muy diferente del Espíritu Santo. Éste nos asiste en el entendimiento del texto inspirado en la forma que se merece la Palabra de Dios. Ésta es la comprensión debida de la cual habla Edwards. Él indica que los no cristianos pueden ser afectados hasta cierto punto por la lectura de la Biblia o por los asuntos religiosos. Pero estos efectos se quedan muy cortos de lo que él está describiendo. Cuando yo era niño mis padres me obligaban a asistir a la iglesia. Yo lo odiaba. Para mi todo este asunto era sufridamente aburrido. La hora entre las 11 y las 12 del mediodía del domingo era la más larga y más tediosa de la semana. La única vez que yo me gozaba en ir a la iglesia era el día de Navidad, porque me gustaban los cánticos navideños y el coro de la iglesia. Yo tenía aprecio por el espíritu navideño, pero éste era sólo el sentir de un pagano.

El primer culto o servicio de la víspera de Navidad después de mi conversión fue inolvidable. Mi alma estaba extasiada, y todos los goces previos fueron eclipsados por la delicia gloriosa que ahora conocía. Cada himno tuvo un nuevo significado. Las palabras de los himnos eran muy dulces para mí. Fue una fiesta espiritual el celebrar por primera vez el advenimiento del Salvador.

LA POSITIVA NATURALEZA DE LA LUZ SOBRENATURAL

Después de describir lo que no es la luz espiritual, Edwards definió lo que sí ella es:

Iluminación divina

Y puede ser descrita así: Un sentido verdadero de la
excelencia divina de las cosas reveladas en la Palabra de
Dios, y una convicción de la verdad y realidad de ellas que
de allí se desprende. Esta luz espiritual primeramente
consiste en la anterior de éstas, es decir, un sentido real y
comprensión de la excelencia divina de las cosas reveladas
en la Palabra de Dios. Una convicción salvadora y espiritual de la verdad y realidad de estas cosas resulta, de una
visión de su excelencia divina y gloria; así que esta convicción de su verdad es un efecto y consecuencia natural de
esta visión de su gloria divina.[10]

Aquí Edwards enfatiza que aunque esta luz sobrenatural y
divina incluye una convicción de la verdad de la Escritura, éste
no es el efecto primordial. El efecto primordial es el sentido de
excelencia divina de la verdad de Dios. Edwards añade:

Existe una gloria superlativa y divina en estas cosas; una
excelencia que es de un terreno vastamente más alto, y de
una naturaleza más sublime que en otras cosas; una gloria
grandiosa que se distingue de todo lo que es terrenal y
temporal. Aquel que es espiritualmente iluminado, verdaderamente lo comprende y lo percibe, o tiene un sentido de
ello. Esta persona no cree meramente y racionalmente que
Dios es glorioso, pero tiene un sentido de la gloria de Dios
en su corazón. No hay solamente una creencia racional de
que Dios es santo, y que la santidad es una cosa buena,
pero hay un sentido de lo encantador de la santidad de
Dios .... Hay una diferencia entre opinar que Dios es santo
y lleno de gracia, y tener un sentido de lo encantador y
bello de la santidad y la gracia. Hay una diferencia entre
tener un concepto racional de que la miel es dulce, y tener
un concepto por haber gustado de su dulzura.[11]

51

El intelecto está íntimamente implicado en el "sentido" del cual Edwards nos habla, pero, como él sostiene: "la voluntad, o inclinación, o el corazón están principalmente implicados".[12] Hice estudios avanzados de filosofía en la Universidad y luego cursos de perfeccionamiento en esta materia. El beneficio de estudiar filosofía, lo encontré, yendo más allá de simplemente el conocimiento de las grandes filosofías de la historia. Este estudio involucraba el desarrollo de una técnica llamada análisis crítico. Algunas veces, pero no siempre, el análisis crítico puede ser una forma negativa de crítica. Esto supone un estrecho escrutinio analítico de la validez de los argumentos, el uso o mal uso de deducciones racionales, y la aplicación de principios de lógica, tales como las leyes de inferencia inmediata.

Después de tal estudio yo desarrollé el hábito de leer con ojo crítico. Con esto, no quiero decir cinismo, quiero decir concentración y análisis. Quiero *entender* lo que yo leo, ya sea que esté de acuerdo o no.

Cuando leo la Biblia, me acerco a ella de una manera diferente a la forma en que me acerco a otras literaturas. Esto no significa que el aspecto crítico en mi mente se cierre. Si algo ocurre, mi inclinación por el análisis es acentuada cuando leo las Escrituras porque estoy motivado por un profundo deseo de entenderlas. Yo quiero entender a *Emmanuel Kant*, pero estoy mucho más motivado a entender la Biblia.

La diferencia es principalmente ésta: Cuando leo las Escrituras nunca soy "crítico" de la misma en el sentido negativo. Mas bien descubro que yo soy el objeto de la crítica. Cuando leo la Biblia, ésta es la que me critica a mí.

Yo he empleado muchos años leyendo los escritos técnicos de eruditos quienes están casados con toda clase de enfoque de "alta crítica" de la Biblia. Estos eruditos no vacilan en ofrecer severos juicios negativos sobre el texto de la Biblia, así como de su mensaje. Lo que está claramente ausente en tal literatura es cualquier sentido de que aquellos que la critican se apoderen de la divina excelencia de las cosas que ellos están criticando.

Algunas veces me pregunto, cuál es la motivación de estos eruditos. Quizás son arrastrados por el deseo de desaprobar al libro que los critica a ellos en forma tan severa y los llama al arrepentimiento. Esto es como una vez dijera el fenomenologista holandés Luijpen de Jean Paul Sartre: "La moralidad de Sartre hace la negación de Dios necesaria".[13]

Sin embargo, yo me quedo asombrado de la prodigiosa labor que los altos críticos exhiben. Ellos son esmerados en sus investigaciones y a veces extraordinarios en su erudición. Repetidamente ofrecen inestimables ideas técnicas que nos ayudan a un mejor entendimiento del texto. ¿Es que no hay deleite en su trabajo?

Por supuesto que sí. El análisis intelectual de cualquier literatura puede ser muy estimulante. La investigación pedante puede llegar a ser divertida. Yo entiendo la emoción de descubrir un matiz raro en la conjugación de un verbo. Me encanta jugar a la "Persecución trivial. El estar a la búsqueda de detalles especiales estimula la mente. Recordar algún hecho oscuro que la mayoría de la gente pasa por alto o han olvidado levanta el ego. ¿Cuánta gente sabe que Stan Rojek, quién fue segunda base de los Piratas de Pittsburgh en 1948, era hijo de un repartidor de leche?

Deleite intelectual en temas académicos o aun en asuntos triviales, es un deleite en el que yo me gozo por naturaleza. El mismo no requiere luz sobrenatural ni divina de la cual habló Edwards. Pero para deleitarse en la belleza de la Palabra de Dios se requiere asistencia de lo alto. La misma demanda la sobrenatural y transcendente obra del Santo Espíritu no sólo sobre nosotros sino también dentro de nosotros.

La Escritura nos dice que nosotros somos por naturaleza enemigos de Dios. El hombre natural se acerca a la Escritura con un sentido de hostilidad por dentro. En otras palabras, nosotros venimos a la Escritura con prejuicios. Edwards dice:

La mente del hombre por naturaleza está llena de prejuicios en contra de la verdad divina. Está llena de enemistad contra las doctrinas del evangelio; lo cual es una desventaja para aquellos argumentos que prueban su verdad, y causa que ellos pierdan su poder sobre la mente. Pero cuando a una persona se le ha descubierto la divina excelencia de las doctrinas cristianas, esto destruye la enemistad, elimina los prejuicios, santifica la razón, y hace que la misma esté abierta a la fuerza de los argumentos de su verdad.[14]

La iluminación de la luz divina y sobrenatural no solamente impresiona la mente, sino algo más importante, cambia la disposición del corazón. Lo que era odioso se convierte en un asunto deleitoso. Cuando Edwards habla de la razón santificada, él no está escribiendo sobre un aumento mágico del nivel de la inteligencia. Más bien, está describiendo una razón que ha sido liberada del prejuicio hostil que una vez empañaba y oscurecía el criterio u opinión.

En el momento de la conversión la disposición del alma humana es alterada radicalmente. La natural enemistad hacia la Palabra de Dios es conquistada pero no totalmente destruida. A través de la vida, los cristianos continúan batallando contra un prejuicio residual en contra de elementos de la Palabra de Dios. Nuestras mentes comienzan el proceso de santificación pero todavía no están glorificadas.

Un consejo que yo a menudo les doy a mis estudiantes del seminario es ésta: a medida que tú estudies la Biblia, ten especial cuidado de marcar los pasajes que tú encuentras difíciles de aceptar, esto es, marca los pasajes que no te gustan; entonces dedícales atención especial. Un escrutinio más estrecho puede revelar que simplemente has fallado en entender el significado del texto. Tal vez, el estudio extra te dará un nuevo entendimiento de la Palabra de Dios.

Pero supone que después de un estudio extra tú sigues convencido que tu forma de pensar es correcta, y aun así no te gusta lo que la Escritura dice. Ésta es una oportunidad brillante para la santificación. Si a ti no te gusta lo que dice la Biblia, entonces hay algo incorrecto con la Palabra de Dios o algo incorrecto con tu manera de pensar. Examinando los pasajes bíblicos, obtendrás una manera fácil y rápida de descubrir si tus pensamientos están fuera de sintonía con la mente de Cristo. Tú sabrás exactamente dónde necesitas arrepentirte o cambiar tus pensamientos.

Siendo estudiante en el seminario tenía una tarjeta sobre mi escritorio que decía así: "Es necesario que creas, enseñes, y prediques lo que la Biblia dice, no lo que tú quieras decir".

Yo consultaba la tarjeta frecuentemente, especialmente cuando luchaba con la doctrina de la predestinación. Con el paso de los años se desarrolló un patrón de vida. Primero, estaría convencido de la verdad de las enseñanzas bíblicas aunque a mí no me gustaran. Luego, vería la dulzura de estas verdades y me deleitaría en ellas, en vez de despreciarlas.

COMO ES DADA LA ILUMINACIÓN

Después de terminar la definición de la luz divina y sobrenatural, Edwards muestra cómo la misma es dada inmediatamente por Dios. Aunque nuestras facultades naturales están activamente involucradas en esta realidad, éstas no son la causa o la fuente de la misma, Edwards dijo:

> En realidad una persona no puede tener luz espiritual sin la Palabra. Pero esto no significa que la Palabra propiamente cause la luz. La mente no puede ver la excelencia de alguna doctrina, a menos que la doctrina esté en primer lugar en la mente; pero ver la excelencia de la doctrina es producto directo del Espíritu de Dios; aunque la transmisión de la doctrina venga de la Palabra. Así que las ideas referidas a la luz, son transmitidas a la mente por la Palabra de Dios; pero debido a la sensibilidad del corazón, es impartida directamente por el Espíritu de Dios.[15]

Este párrafo es quizás el más importante en la interpretación de Edwards sobre este tema. Dicho de otro modo: la revelación bíblica trae la Palabra de Dios a la mente. La iluminación inmediata del Espíritu Santo la lleva de la mente al corazón.

La Palabra de Dios puede estar en la mente sin estar en el corazón; pero no puede estar en el corazón sin estar primero en la mente. Este punto es crucial para contestar la pregunta, ¿qué puedo hacer para que la luz sobrenatural y divina entre en mi corazón?

Desde el momento en que la iluminación de la luz sobrenatural y divina es transmitida por la operación inmediata del Espíritu Santo, ya no hay fórmulas mágicas que nosotros podamos aplicar para que esto suceda. La operación del Espíritu en este asunto no es solamente inmediata, sino también soberana, así como Dios es soberano. El Espíritu se mueve como a Él le place, no como nosotros lo demandamos.

¿Significa esto entonces que nosotros no podemos hacer nada para recibir esta luz? De ningún modo. Hay mucho que nosotros podemos y debemos hacer en la búsqueda de la iluminación divina.

La primera cosa que nosotros debemos hacer es sembrar la Palabra en nuestras mentes. Esa responsabilidad es nuestra, no de Dios. Es necesario que seamos diligentes en el estudio de la Escritura. Nosotros no podemos racionalmente esperar que el Espíritu nos dé un sentido de excelencia de la Escritura en nuestros corazones si no estamos dispuestos a trabajar y a sembrar la Palabra en nuestras mentes. Un acercamiento altivo hacia la Escritura no lo hará. La única lectura "devocional" de la Palabra de Dios que a Él le complace es un devoto *estudio* de su Palabra.

La iglesia padece de un mal llamado *exégesis espiritual* por el cual los cristianos son instados a abandonar la lectura o estudio de todo libro excepto la Biblia y encerrarse en su cuarto de oración para pedir directamente al Espíritu Santo que les enseñe. Este método ha resultado en un sinnúmero de herejías, las cuales son calumniosamente asignadas al Espíritu Santo como el autor.

La iluminación divina viene a través de la gracia, no de la magia. Esta gracia ayuda y asiste a nuestro diligente y honesto estudio de la Escritura. Los miembros de la congregación de Edwards, quienes fueron los precursores en experimentar el despertamiento a la luz espiritual, regularmente tenían abierto delante de ellos un Nuevo Testamento en griego antes de sacar una conclusión.

Para tener la Palabra de Dios en nuestras mentes necesitamos contar con materiales auxiliares que Dios ha dado a la iglesia. Él estableció maestros en la iglesia porque no podemos enseñarnos a nosotros mismos. Es por eso que necesitamos consultar los comentarios, hacer nuestras lecciones, y buscar diligentemente el texto original de la Escritura.

Sabiendo que tal estudio es necesario y que no puede ser omitido, debemos saber que esto sólo no es suficiente. Esto puede ayudar a tener la Palabra a nuestras mentes, pero nosotros queremos algo más, queremos tenerla en nuestros corazones.

Por eso debemos invitar al Espíritu Santo para que nos conceda su iluminación divina. Aunque nosotros no podemos demandársela, el Espíritu nos invita a que se la pidamos pues Dios se agrada en conceder tal gracia a aquellos quienes humilde y diligentemente la buscan. Él no les da una piedra a aquellos que le piden pan.

Tal iluminación es "el secreto" de la vida cristiana abundante. Cuando la Palabra de Dios penetra más allá de la mente hasta el corazón, entonces, y solamente entonces, nuestras vidas realmente cambian. Nosotros pasamos de un conocimiento de la Palabra de Dios a la convicción de ella, y entonces, a una conciencia que se deleita en ella. Cuando nosotros obedecemos a Dios con deleite interior, Él se agrada de nosotros.

Edwards concluye su sermón diciendo:

Sí; la mínima vislumbre de la gloria de Dios ante Jesucristo, exalta y ennoblece el alma más que todo el conocimiento de aquellos que tienen el entendimiento especulativo más grande de la divinidad pero sin la gracia de Dios ....
Este conocimiento es aquel que está por encima de todos los otros, dulce y gozoso. Esta luz espiritual es el amanecer de la gloriosa luz en el corazón. No hay nada tan poderoso como esto para apoyar a personas en aflicción, y dar a la mente la paz y la claridad que necesitamos en este tormentoso y oscuro mundo.[16]

Edwards resalta que la luz espiritual no sólo ennoblece y exalta el alma, sino que también es una fuente de apoyo y paz en los momentos de aflicción, y brinda dulzura y gozo en la peregrinación del cristiano, pero además, ella conduce a la santificación:

Esta luz es tal que en efecto influencia la inclinación, y cambia la naturaleza del alma .... Esta luz, y sólo ésta, resulta en una vida santa, no el mero conocimiento teórico o especulativo de las doctrinas de la religión. Pero esta luz, a medida que alcanza el fondo del corazón y cambia la naturaleza, se dispondrá eficazmente a una obediencia universal. Ésta muestra que Dios es digno de ser obedecido y servido. La misma impulsa al corazón en sincero amor a Dios, el cual es el único principio de una obediencia verdadera, bella y universal; ésta convence de la realidad de la recompensa gloriosa que Dios ha prometido a aquellos que le obedecen.[17]

La obediencia es el fruto del maravilloso obrar del Espíritu Santo, el cual opera en y a través de La Palabra. Cuando el Espíritu nos enseña su Palabra, nuestros corazones se inflaman de su presencia.

4

EL TESTIMONIO DEL ESPÍRITU SANTO

*L*A PRESENTACIÓN DE EDWARDS DE LA luz sobrenatural y divina no es más que una expansión de la importante doctrina enseñada por Juan Calvino en el Siglo XVI. Calvino fomentó la doctrina del testimonio interno del Espíritu Santo, que es un punto central en la Teología de la Reforma.

Concerniente a la cuestión sobre la autoridad de la Biblia, Calvino rechazó fuertemente las enseñanzas Católico Romana de que la autoridad de la Escritura depende hasta cierto punto de la autoridad de la iglesia. Él escribe:

Un error sumamente pernicioso generalmente ha prevalecido —a saber, que la Escritura es de importancia únicamente en la medida en que le es concedido por la aprobación de la iglesia; como si la verdad de Dios inviolable y eterna pudiera depender de la voluntad de los hombres. Con gran insulto al Espíritu Santo, se pregunta: ¿Quién nos puede asegurar que las Escrituras proceden de Dios?; ¿quién garantiza que ellas han llegado intactas e inalteradas a nuestros tiempos?; ¿quién nos persuade de que este libro debe ser recibido con reverencia, y que la iglesia no haya excluido alguna regulación con certeza?[1]

Es importante notar que Calvino no está hablando de la *prueba* de la autoridad de la Biblia; él está hablando de la *persuasión* (o afirmación) de esa prueba. Note la diferencia entre prueba y persuasión. Algunos rechazan esta distinción, por considerarla como un mero juego de palabras. "¿No son ellas la misma cosa?", preguntan: "¿No es algo que está probado y debidamente asegurado?"

Seguramente debería ser así. Si un asunto está claramente probado, nosotros deberíamos estar seguros de su veracidad. Sin embargo, no siempre funciona de esta manera. A causa del pecado que nubla nuestras mentes y empaña nuestros pensamientos, no estamos siempre persuadidos de la verdad aun ante la presencia de pruebas irresistibles e incontrovertibles. La gente a menudo duda de los asuntos que han sido probados. Jesús mismo señaló que algunos no creerían aun viendo a una persona levantarse de los muertos.

La prueba es un asunto objetivo sujeto a las leyes de la razón y la evidencia. La persuasión es un asunto subjetivo que tiene que ver con la seguridad interna. Un silogismo puede probar que una conclusión es válida, pero el mismo no puede dar paz y seguridad al corazón de una persona.

Nosotros experimentamos distintos niveles de seguridad acerca de cuestiones diferentes. Pregunte a la gente si creen que Dios existe y puede que reciba las siguientes respuestas: "No, definitivamente no"; "Yo no lo creo así"; "Yo no lo sé con seguridad"; "A mí me parece que sí"; "Sí"; o aun "Por supuesto". Cada respuesta revela un nivel distinto de seguridad o la falta de ella.

Calvino continúa diciendo:

Nada puede, por lo tanto, ser más absurdo que la ficción de que el poder para juzgar la Escritura está en la iglesia, y que su certeza depende del visto bueno de la iglesia. Cuando la iglesia la recibe y le pone el sello de su autoridad, esto no imparte autenticidad a la Escritura la cual sería de otro modo dudosa o controvertida, sino que la reconoce

COMO LA VERDAD DE DIOS, Y ELLA, LA IGLESIA, COMO ES SU DEBER, MUESTRA SU REVERENCIA POR UN ASENTIMIENTO SIN VACILACIÓN. EN CUANTO A LA PREGUNTA: ¿CÓMO SEREMOS PERSUADIDOS DE QUE LA PALABRA PROCEDE DE DIOS SIN REFERIRNOS A UN DECRETO DE LA IGLESIA? ESTO ES JUSTAMENTE LO MISMO QUE SI SE NOS PREGUNTARA: ¿CÓMO APRENDEMOS A DISTINGUIR LA LUZ DE LAS TINIEBLAS, LO BLANCO DE LO NEGRO, LO DULCE DE LO AMARGO? LA ESCRITURA MUESTRA SU CONTENIDO COMO CLARA EVIDENCIA DE SU VERDAD, CÓMO LO BLANCO SE DISTINGUE DE LO NEGRO POR EL COLOR, Y CÓMO LO DULCE SE DISTINGUE DE LO AMARGO POR EL SABOR.[2]

Calvino fue un entusiasta estudiante de la Historia de la Iglesia. Él sabía que cuando la iglesia estableció el canon de las Sagradas Escrituras, ésta usó la palabra en Latín *recipimus*, significando "Nosotros recibimos ...."[3] La iglesia no creó el canon; ésta lo recibió, sometiéndose delante de la autoridad integral de la misma.

Cuando Calvino dice que "la Escritura lleva en sus páginas la clara evidencia de su verdad...", él se está refiriendo a lo que los teólogos llaman el *autopisti* de la Biblia. El término *autopisti* significa "fe propia" de la Biblia y se refiere en parte al testimonio que la Biblia misma nos da de su propia autoridad.

La reclamación de la Biblia de ser la Palabra de Dios no la hace la Palabra de Dios. Algunos libros espurios hacen la misma reclamación. El *autopisti* se refiere no solamente a la reclamación de autoridad divina de la Biblia sino además a las marcas internas de su carácter divino. Calvino señala, por ejemplo, la divinidad de la materia de la Biblia, su simplicidad, elocuencia, milagros, profecías cumplidas, antigüedad, alcance, la credibilidad de sus testigos, etcétera. Calvino llama a estas marcas las *señales* de la Escritura, cosas que indican o apuntan a su divinidad.

Estas marcas pudieran "probar" la veracidad de la Escritura, pero ellas no persuaden necesariamente a los hombres de su verdad. Calvino dice:

NUESTRA FE EN UNA DOCTRINA NO QUEDA ESTABLECIDA HASTA QUE NOSOTROS TENEMOS UNA PERFECTA CONVICCIÓN DE QUE DIOS ES EL AUTOR. POR TANTO, LA MÁS ALTA PRUEBA DE LA ESCRITURA ES TOMADA ÚNICAMENTE DEL CARÁCTER DE AQUEL, CUYA PALABRA ES .... SI, ENTONCES, NOSOTROS CONSULTÁRAMOS EFICAZMENTE NUESTRAS CONSCIENCIAS, Y LES AHORRÁRAMOS EL SER LLEVADAS DE AQUÍ PARA ALLÁ EN UN REMOLINO DE INSEGURIDAD, DE DUDAS, Y AUN DE TROPEZAR CON LOS OBSTÁCULOS MÁS PEQUEÑOS, NUESTRA CONVICCIÓN DE LA VERDAD DE LA ESCRITURA SERÍA DERIVADA A UNA FUENTE MÁS ALTA QUE LAS CONJETURAS, JUICIOS, O RAZONES HUMANAS; AL TESTIMONIO SECRETO DEL ESPÍRITU SANTO.[4]

Calvino ha sido acusado de proponer confianza en la Escritura como un acto de fe ciega que descansa sobre prejuicios subjetivos, como si a él se le hubiese oído decir: "La Biblia es la Palabra de Dios porque yo lo creo así".

Nada puede estar más lejos de la intención o enseñanza de Calvino. El decir que algo es verdadero simplemente porque yo lo creo no es solamente puro subjetivismo, sino también una manifestación muy baja de arrogancia. Esto hace que la prueba de la verdad descanse sobre los reclamos de algunos. Calvino aquí no está apelando al testimonio interno de Juan Calvino; él está apelando al testimonio interno del Espíritu Santo.

Para Calvino el testimonio del Espíritu Santo no es un susurro interno de nueva información o un ardid interno que hace de un argumento pobre un buen argumento. El testimonio interno no causa que nosotros creamos algo en contra de la evidencia; el mismo obra en nuestros corazones para hacer que nos rindamos ante la evidencia objetiva. Calvino usa la palabra asentir (*acquisce*).[5] Nosotros asentimos sin protesta ante los indicios. No saltamos sobre ellas o actuamos en contra de ellas. En otras palabras, el Espíritu produce que seamos persuadidos *por* las pruebas.

Calvino reconoce que un claro caso objetivo a favor de las Escrituras se puede hacer sin apelar al testimonio interno:

Cierto, si yo fuere llamado a contender con los más astutos enemigos de Dios, yo confío, aunque no esté dotado de la más alta habilidad o elocuencia, yo no tendría dificultad en callar sus vociferantes palabras, podría sin gran dificultad echar por el suelo sus vanaglorias, las cuales murmuran por los rincones, si algo se ganara por refutar sus reparos.[6]

Otra vez, Calvino está hablando de la diferencia entre la prueba y la persuasión, entre el poder intelectual y la afirmación del corazón:

Pero aunque nosotros mantenemos lo sagrado de la Palabra de Dios en contra de los que la niegan, esto no significa que nosotros enseguida implantaremos la certeza exigida por la fe en sus corazones. Los hombres profanos piensan que la religión se basa solamente en opiniones, y por lo tanto, para que ellos no crean tontamente, o sobre terreno movedizo, desean e insisten en que se les pruebe la razón por la cual Moisés y los profetas fueron divinamente inspirados. Pero yo respondo que el testimonio del Espíritu es superior a la razón. Porque así como Dios sólo puede dar testimonio de sus propias palabras, así estas palabras no obtendrán una creencia completa en el corazón de los hombres hasta que ellas sean selladas por el testimonio interno del Espíritu. El mismo Espíritu, por lo tanto, el cual habló por boca de los profetas, debe penetrar en nuestros corazones, para que nos convenzamos que los profetas fielmente nos pasaron el mensaje divinamente depositado en ellos.[7]

Cuando Calvino dice que el testimonio del Espíritu es superior a la razón, él de ningún modo se está hundiendo en la racionalidad. El testimonio del Espíritu es más *alto* que el raciocinio, no más bajo. El mismo puede que sea más que racional pero nunca irracional. Va más allá de la razón, no en contra de ésta.

Cuando Edwards habló de la luz sobrenatural y divina, colocó el acento en la excelencia de que las cosas de Dios obran dentro del corazón. Sin embargo, Edwards incluye la convicción de la verdad de las Escrituras como un elemento integral de aquella luz. Él fue más allá de Calvino, pero no en contra de él. Ambos están de acuerdo que es el obrar interno del Espíritu Santo el que nos asegura del carácter divino de la Palabra de Dios.

Calvino fue además muy cuidadoso en distinguir entre el testimonio del Espíritu Santo de la fresca revelación. Él dijo:

QUIENES, RECHAZAN la ESCRITURA, SE IMAGINAN QUE TIENEN ALGUNA FORMA PARTICULAR DE ACCESO DIRECTO A DIOS, ESTOS DEBEN SER JUZGADOS NO TANTO POR la INFLUENCIA DEL ERROR COMO POR la INFLUENCIA DE la LOCURA. CIERTAMENTE, HOMBRES FRÍVOLOS HAN APARECIDO ÚLTIMAMENTE, QUIENES, MIENTRAS HACEN UN GRAN DESPLIEGUE DE SUPERIORIDAD DEL ESPÍRITU, RECHAZAN TODA LECTURA DE las ESCRITURAS POR SÍ MISMOS, Y SE BURLAN DE la SIMPLICIDAD DE AQUELLOS QUIENES SE DELEITAN SOLAMENTE EN LO QUE ELLOS LLAMAN la LETRA MUERTA. PERO YO QUISIERA QUE ELLOS ME DIJERAN A MÍ, QUÉ ESPÍRITU ES ESE CUYA INSPIRACIÓN LOS LLEVA A TAL SUBLIME ALTURA, QUE SE ATREVEN A DESPRECIAR la DOCTRINA DE la ESCRITURA COMO ALGO INFERIOR E INFANTIL.[8]

Aparentemente la iglesia tendrá que sufrir la influencia de "personas frívolas" en cada generación. No parece tener fin el número de personas enajenadas quienes reclaman tener revelaciones privadas con las cuales esas personas seducen a las ovejas y torturan a los corderos.

Calvino se pregunta:

PERO, ¿QUÉ CLASE DE ESPÍRITU PROMETIÓ NUESTRO SALVADOR QUE ÉL ENVIARÍA? UNO QUE NO HABLARÍA DE SÍ MISMO (JUAN 16:13), SINO QUE INCULCARÍA las VERDADES QUE ÉL MISMO HA INSPIRADO A TRAVÉS DE la PALABRA. DE AQUÍ, QUE la MISIÓN DEL

Espíritu prometido a nosotros no fue la de formar nuevas y inauditas revelaciones, o de acuñar una nueva forma de doctrina, por la cual nosotros seamos estimulados a alejarnos de la doctrina recibida del evangelio, sino para sellar en nuestras mentes la misma doctrina que el evangelio recomienda.[9]

Tanto Calvino como Edwards creían que para crecer en luz y vida espiritual uno debe buscar al Espíritu en y a través de la Palabra, nunca fuera de ella.

Por lo tanto es fácil entender que nosotros debemos dar diligente atención tanto a la lectura como al oír de las Escrituras si quisiéramos recibir el beneficio del Espíritu de Dios... Porque el Señor ha entretejido juntas la certeza de su Palabra y la del Espíritu, para que nuestras mentes estén debidamente concentradas con reverencia en la Palabra cuando el Espíritu nos ilumine y nos capacite para llenarnos de la presencia de Dios; y por otro lado, para abrazarnos al Espíritu sin peligro de engaño al reconocerle a Él en su imagen, es decir, en su Palabra.[10]

EL PUNTO DE VISTA ESCRITURAL SOBRE LA ILUMINACIÓN DIVINA

Hemos visto como Edwards y Calvino exponen la doctrina de la iluminación del Espíritu Santo. Volvamos ahora nuestra atención al fundamento bíblico para esta doctrina. El tratamiento clásico se encuentra en la primera carta del Apóstol Pablo a los Corintios:

Antes bien, como está escrito: Cosas que ojo no vio, ni oído oyó, ni han subido en corazón de hombre, son las que ha Dios preparado para los que le aman.

1 Corintios 2:9

Tal como Jesús le dijo a Pedro que su reconocimiento de Jesús como el Mesías no fue logrado por "carne y sangre" sino que le fue revelado por Dios mismo, así Pablo recalca el origen divino de la revelación que él les hace. Él les escribe:

Para que vuestra fe no esté fundada en la sabiduría de los hombres, sino en el poder de Dios. Sin embargo hablamos sabiduría entre los que han alcanzado madurez; y sabiduría, no de este siglo, ni de los príncipes de este siglo, que perecen. Mas hablamos sabiduría de Dios en misterio, la sabiduría oculta, la cual Dios predestinó antes de los siglos para nuestra gloria, la que ninguno de los príncipes de este siglo conoció; porque si la hubieran conocido, nunca habrían crucificado al Señor de Gloria.

1 Corintios 2:5-8

Pablo contrasta la sabiduría que viene de Dios con la sabiduría adquirida por medios humanos. La sabiduría del mundo se convierte en nada, no tiene ningún valor. Desde la perspectiva divina carece de substancia y valor perdurable.

La ignorancia de la sabiduría espiritual es perjudicial y catastrófica. Tal ignorancia ha precipitado los crímenes más atroces que jamás se hayan cometido. Debido a la ignorancia espiritual los hombres crucificaron al Señor de la Gloria.

Notamos en el Nuevo Testamento una indulgencia divina y temporal hacia tal ignorancia espiritual. Jesús oró para que el Padre perdonara a sus agresores sobre la base de que ellos no sabían lo que estaban haciendo. Aunque su muerte fue cometida por ignorancia, su ejecución fue un monstruoso mal.

Pedro, en su segundo sermón en Hechos de los Apóstoles, hace eco del tema sobre la ignorancia:

Mas ahora, hermanos, sé que por ignorancia lo habéis hecho, como también vuestros gobernantes.

Hechos 3:17

Esteban, del mismo modo, en su discurso ante el Sanedrín, habló de la ignorancia de los israelitas en los días de Moisés:

Pero él pensaba que sus hermanos comprendían que Dios les daría libertad por mano suya; mas ellos no lo habían entendido así.

Hechos 7:25

Como si Jesús estuviera ante él, Esteban en la hora de su muerte oró para que Dios perdonara a sus acusadores, diciendo:

Señor, no les tomes en cuenta este pecado.

Hechos 7:60

Esta ignorancia no estaba basada en la falta de revelación divina. La revelación estaba allí, pero no fue discernida espiritualmente. La ignorancia quizás mitigó la culpa de aquellos quienes mataron a Jesús y luego a Esteban, pero no la eliminó.
    La teología moral Católica Romana distingue correctamente entre ignorancia vencible e ignorancia invencible. La ignorancia invencible es aquella forma de ignorancia que posiblemente no se puede vencer. Tal ignorancia excusa a la persona de toda culpa. La ignorancia vencible, por otro lado, no sirve como excusa porque la misma se debe a la negligencia y el no prestar atención a la clara revelación escrita. Ésta es una ignorancia que se pudo y debió haber vencido. Una persona actuando en ignorancia vencible es moralmente culpable de sus acciones.
    Aplicando este principio a la crucifixión, nosotros decimos que la gente que conspiró para asesinar al Rey de Gloria no sabía a quién ellos estaban matando, pero *debieron* haberlo sabido. Su identidad había sido clara y maravillosamente atestiguada por Dios. Pedro declara:

Varones israelitas, oíd estas palabras: Jesús nazareno, varón aprobado por Dios entre nosotros con las maravillas, prodigios y señales que Dios hizo entre vosotros por medio de él, como vosotros mismos sabéis; a éste, entregado por determinado consejo y anticipado conocimiento de Dios, prendisteis y matasteis por manos de inicuos, crucificándole.

Hechos 2:22-23

Pablo le refuta de la misma manera al rey Agripa:

Pues el rey sabe estas cosas, delante de quien también hablo con toda confianza. Pues no pienso que ignora nada de esto; pues no ha sido esto hecho en algún rincón. ¿Crees, oh rey Agripa, a los profetas? Yo sé que crees. Entonces Agripa dijo a Pablo: Por poco me persuades a ser cristiano.

Hechos 26:26-28

El discernimiento espiritual no es una nueva revelación ni un entendimiento que toma lugar en el vacío. Antes del discernimiento espiritual hay una revelación divina objetiva que es bien simple para que todo el mundo la vea. La cristiandad no es una religión esotérica, alcanzable solamente por un grupo selecto quienes son los únicos al tanto de la verdad divina. La revelación del Señor de Gloria toma lugar en la esfera abierta de la historia. Ella no es una cosa secreta "que sucedió en algún rincón". Nadie expuesto al testimonio bíblico puede justamente reclamar que no lo sabía como una excusa para justificar su ignorancia.

Aunque Dios haya mostrado paciencia hacia la ignorancia por algún tiempo, hay un límite, un punto final a su tolerancia. La resurrección de Cristo traza una línea divisoria entre la tolerancia divina y la ignorancia humana premeditada. Una vez que Dios hubo demostrado completa y finalmente la identidad de su hijo al levantarlo de entre los muertos, su tolerancia terminó:

Pero Dios, habiendo pasado por alto los tiempos de esta ignorancia, ahora manda a todos los hombres en todo lugar que se arrepientan; por cuanto ha establecido un día en el cual juzgará al mundo con justicia, por aquel varón a quien designó, dando fe a todos con haberle levantado de los muertos.

Hechos 17:30-31

Pedro y Pablo, llamaron a la gente al arrepentimiento por su ignorancia. Si la ignorancia exige arrepentimiento, la misma tiene que ser pecaminosa y llevar culpa. En la ley del Antiguo Testamento, ofrendas de transgresión específicas se demandaban por los pecados cometidos en ignorancia.

DISCERNIMIENTO ESPIRITUAL

Porque es posible ser expuesto a la revelación divina y, sin embargo, permanecer ignorante de la misma, se requiere algo más para discernirla. Ese "algo más" es la iluminación del Espíritu Santo:

Pero Dios nos las reveló a nosotros por el Espíritu: porque el Espíritu todo lo escudriña, aun lo profundo de Dios. Porque ¿quién de los hombres sabe las cosas del hombre, sino el espíritu del hombre que está en él? Así tampoco nadie conoció las cosas de Dios, sino el Espíritu de Dios.

1 Corintios 2:10-11

LA BÚSQUEDA DEL ESPÍRITU

¿Qué quiere decir el apóstol Pablo cuando él declara que el Espíritu escudriña todas las cosas? Cuando nosotros usamos la palabra escudriñar en el idioma corriente, usualmente queremos decir que estamos buscando algo que está perdido o que es desconocido para nosotros. Sin embargo, cuando la Biblia habla del Espíritu escudriñando, no significa que el Espíritu Santo está buscando un conocimiento que le falta. El Espíritu no escudriña la mente del Padre para descubrir algo que está escondido de Él. Como la Tercera Persona de la Trinidad, el Espíritu Santo participa de todos los atributos que pertenecen a la deidad. Uno de estos atributos es omnisciencia. El Espíritu Santo conoce todas las cosas. No existe deficiencia alguna en su conocimiento. Lo que el Padre conoce, el Espíritu lo conoce, como también lo conoce el Hijo, la segunda Persona de la Trinidad. El Espíritu entonces, siendo omnisciente, no escudriña las cosas de Dios como un estudiante escudriñaría un libro buscando nueva información.

El punto de analogía es éste: Así como nosotros usamos una lámpara para buscar algo en la oscuridad, así el Espíritu hace de lámpara para nosotros. Así como la lámpara nos ayuda en nuestra búsqueda, lo mismo hace nuestra lámpara espiritual, el Espíritu Santo. Él no escudriña la mente de Dios para su beneficio; Él escudriña la mente de Dios para nuestro beneficio.

El término *iluminación divina* es sacado de una figura de la experiencia humana. Para "iluminar", es necesario emanar luz. El Espíritu es nuestra luminaria el cual ilumina la mente de Dios para nosotros. Él es el que ilumina al que es espiritualmente ignorante. La gente "puede conocernos" exteriormente por observarnos o leer nuestro expediente. Pero nadie nos puede conocer íntimamente a menos que escojamos revelarle nuestra verdadera personalidad. El único que realmente conoce (aparte de Dios) lo que hay en mi mente soy yo mismo. Así nadie sabe lo que hay en la mente de Dios sino el Espíritu de Dios. Si nosotros hemos de conocer y entender la mente de Dios, necesitamos la asistencia del Espíritu Santo.

Y nosotros no hemos recibido el espíritu del mundo, sino el Espíritu que proviene de Dios, para que sepamos lo que

Dios nos ha concedido; lo cual también hablamos, no con palabras enseñadas por sabiduría humana, sino con las que enseña el Espíritu, acomodando lo espiritual a lo espiritual. Pero el hombre animal no percibe las cosas que son del Espíritu de Dios, porque para él son locura: y no las puede entender, porque se han de discernir espiritualmente.

1 Corintios 2:12-14

Pablo habla del creyente que ha recibido el Espíritu de Dios. El Espíritu de Dios se encuentra en absoluto contraste con el espíritu del mundo. Recibir el Espíritu significa tenerlo morando en nosotros.

Hay varios propósitos de redención para la morada del Espíritu en nosotros. Una es que la morada del Espíritu que nos regenera, permanece en nosotros para trabajar en nuestra santificación. La otra es para que "podamos conocer las cosas que nos han sido dadas gratuitamente por Dios". Aquí el propósito específico es para ganar conocimiento de Dios. Es para la enseñanza divina y discernimiento espiritual que el Espíritu hace su morada en nosotros.

Pablo concluye su enseñanza sobre el tema escribiendo:

En cambio el espiritual juzga todas las cosas; pero él no es juzgado de nadie. Porque ¿quién conoció la mente del Señor? ¿Quién le instruirá? Mas nosotros tenemos la mente de Cristo.

1 Corintios 2:15-16

La cláusula con la que Pablo concluye es asombrosa. Su provocativa afirmación hace titubear la imaginación: "Nosotros tenemos la mente de Cristo".

En esto se apoya el más grandioso auxilio posible para la santificación —tener a nuestra disposición la misma mente de

Cristo. Tener la mente de Cristo es pensar como Cristo, ver las cosas desde su perspectiva, amar lo que Cristo ama, y odiar lo que Él odia, y estar unido a su sistema de valores.

¿Es la meta del cristiano vivir a la manera de Cristo? Si es así, nosotros alcanzaremos la meta solamente en la medida que tengamos la mente de Él. Así como la Biblia declara que lo que un hombre piensa en su interior, así es él, de la misma manera, cuanto más pensemos como Cristo, más seremos como Él.

La luz espiritual es la luz de Cristo, es su enseñanza impartida directamente a nosotros por su Espíritu. La iluminación divina es como tener a Jesús como nuestro tutor personal.

JESÚS COMO EL ILUMINADOR

¿Qué le ocurre a la gente que tiene las Escrituras abiertas para ellos por el Señor de las Escrituras? El Nuevo Testamento nos ofrece un ejemplo conmovedor.

Lucas nos hace el relato de la aparición del Cristo resucitado a dos hombres en el camino de Emaús. Dos de los discípulos partieron de Jerusalén después de los eventos relacionados con la muerte de Jesús. Mientras ellos caminaban hacia Emaús hablando de lo sucedido, Jesús se acercó y empezó a caminar junto con ellos. Sin embargo ellos no lo reconocieron. Jesús les pregunto:

> Y les dijo: ¿Qué pláticas son estas que tenéis entre vosotros mientras camináis, y por qué estáis tristes? Respondiendo uno de ellos, que se llamaba Cleofas, le dijo: ¿Eres tú el único forastero en Jerusalén que no has sabido las cosas que en ella han acontecido en estos días? Entonces él les dijo: ¿Qué cosas? Y ellos le dijeron: De Jesús nazareno, que fue varón profeta, poderoso en obra y en palabra delante de Dios y de todo el pueblo.

Lucas 24:17-19

Lucas tiene que haberse reído cuando él hacia esta conversación. Tal vez Jesús fue entretenido por las circunstancias. Él se hizo el tonto a los ojos de ellos, mientras le informaban sobre las cosas que Él mismo había experimentado.

Los hombres le contaron su versión sobre el juicio y la crucifixión de Jesús, y aun le informaron del testimonio de las mujeres que habían descubierto la tumba vacía. Ellos añadieron:

> *Y fueron algunos de los nuestros al sepulcro, y hallaron así como las mujeres habían dicho, pero a él no le vieron.*

> Lucas 24:24

Jesús respondió al relato de ellos reprendiéndoles firmemente por su tonta ignorancia e incredulidad:

> *Entonces él les dijo: ¡Oh insensatos, y tardos de corazón para creer todo lo que los profetas han dicho! ¿No era necesario que el Cristo padeciera estas cosas, y que entrara en su gloria?*

> Lucas 24:25-26

Seguido a esta punzante reprimenda, Jesús comenzó a explicarles las Escrituras. Aquí encontramos la iluminación espiritual en su forma más sublime. Aquí el Verbo de Dios encarnado explica la Palabra de Dios escrita.

> *Y comenzando desde Moisés, y siguiendo por todos los Profetas, le declaraba en todas las Escrituras lo que de él decían.*

> Lucas 24:27

No hay ninguna razón para pensar que Jesús añadió algo nuevo a las Escrituras, Él los iluminó por la exposición e iluminación de las Escrituras que ya conocían.

Cuando ellos llegaron a la aldea de Emaús, Jesús cedió a la insistencia de ellos para que se quedara a cenar con ellos. Por lo tanto Él partió el pan y lo bendijo. En ese instante sus ojos fueron abiertos para reconocer su identidad. Entonces Él desapareció de la vista de ellos. Estos dos hombres, obviamente emocionados, hacían un recuento de lo que habían experimentado:

> Y se decían el uno al otro: ¿No ardía nuestro corazón en nosotros, mientras nos hablaba en el camino, y cuando nos abría las Escrituras?

> Lucas 24:32

Aquí lo vemos. Después que el mensaje de Dios fue iluminado por la mente de Cristo, por la inmediata presencia de la luz sobrenatural y divina, sus corazones fueron inflamados. John Wesley testificaba de esto en su experiencia en Aldersgate cuando, durante una exposición de la Epístola a los Romanos, él sintió que su corazón estaba "extrañamente caliente".

Con el nuevo *entendimiento* que ellos tuvieron de la Palabra de Dios, los hombres de Emaús tuvieron un nuevo amor encendido en sus corazones por la Palabra. Ellos contemplaron la excelencia de Cristo y gustaron de la dulzura de sus palabras.

Esto es lo que le sucede al cristiano que tiene un corazón ardiente, un alma inflamada, y que encuentra "algo extra" en la vida cristiana.

~ 5 ~

AMANDO LA LEY
DE DIOS

QUIÉN AMA LA LEY DE DIOS? ¿Es la ley de Dios una maldición pesada que por fin ha sido enviada a la horca? ¿Es la ley odiosa para nosotros como enemiga de la gracia? ¿Es la ley una forma caduca de salvación cuyo fracaso es aplaudido por el cristiano?

¿Es nuestra devoción a Dios concebida por amor sin tener en cuenta la ley, o continúa influenciando la ley en la vida del cristiano? ¿Nos instruye todavía en alguna forma el Antiguo Testamento?

Algunas veces el Antiguo Testamento luce anacrónico. El mismo expresa sentimientos que nos parecen anticuados y conceptos que parecen extraños a nuestro modo de pensar. Considere, por ejemplo, estas líneas del Salmo 119:

> *¡Oh, cuánto amo yo tu ley! Todo el día es ella mi medita-*
> *ción. Me has hecho más sabio que mis enemigos con tus*
> *mandamientos, porque siempre están conmigo. Más que*
> *todos mis enseñadores he entendido, porque tus testimonios*
> *son mi meditación. Más que los viejos he entendido, porque*
> *he guardado tus mandamientos; de todo mal camino con-*
> *tuve mis pies, para guardar tu palabra. No me aparté de*
> *tus juicios, porque tú me enseñaste. ¡Cuán dulces son a mi*
> *paladar tus palabras! Más que la miel a mi boca.*
>
> Salmos 119:97-103.

Estas extrañas y resonantes palabras expresan un profundo afecto por la ley de Dios. Ciertamente, todo el Salmo 119, que es el más largo de todos los Salmos, es un panegírico a la ley de Dios. ¿Dónde está el cristiano que canta alabanzas líricas a la Ley de Dios? ¿No estamos nosotros más aptos para decir: "¡Oh, cómo odio tu Ley! ¡Cuán feliz me siento de ser liberado de ella!"

Mirando de cerca a este Salmo podemos ver una constante interacción entre la idea de la Ley de Dios y la Palabra de Dios. Los dos términos son usados indistintamente en el texto.

Tenemos la tendencia a pensar sobre la Ley como una parte específica, o subdivisión, del amplio contexto de las Escrituras. No hay nada de malo en esto, ya que la Escritura misma a menudo distingue entre la Ley, los Profetas, y los escritos. Por lo tanto, en un sentido es más apropiado diferenciar entre la Ley u otras porciones de la Palabra de Dios. Sin embargo, en otro sentido, hay que identificar a las dos como una. No sólo es toda la Ley escrita de Dios también la Palabra escrita de Dios, del mismo modo es verdad que toda la Palabra de Dios es también la Ley de Dios.

Nosotros vemos paralelos de esto en nuestro idioma. Podemos decir de un gobernante o una persona en autoridad que "su palabra es la ley". Lo mismo sucede con Dios. Cualquier cosa que Él diga es ley para nosotros. Su Palabra entera nos impone una sagrada obligación sobre nosotros que conlleva tanto el deber como la responsabilidad. Si nosotros amamos la Palabra de Dios, debemos entonces amar la Ley de Dios. El afecto del Salmista no está dirigido a la Ley de Dios como algo abstracto. Él la ama porque ama a Dios, y la Ley procede de Dios. Él dice: "Yo amo *tu* Ley".

El amor por la Ley de Dios está enraizado entre la Ley y el dador de la Ley. Dios no se aprendió la Ley de ningún manual cósmico legal y entonces nos la pasó a nosotros. Más bien la Ley de Dios se origina en Él mismo, proviene de su propio carácter. La misma es un reflejo de su propia rectitud.

El SALMO 119

A. F. Kirkpatrick, quién escribió a principios del siglo veinte, describe este Salmo como sigue:

> ESTE GRAN "SALMO DE LA LEY" ESTÁ BASADO EN LA PRESENTACIÓN PROFÉTICA (ESDRAS 9:11) DE LA LEY EN EL LIBRO DE DEUTERONOMIO, CON EL ESPÍRITU Y LENGUAJE DE LOS CUALES LA MENTE DEL AUTOR ESTABA SATURADA. ESTO REPRESENTA LAS IDEAS RELIGIOSAS DE DEUTERONOMIO DESARROLLADAS EN LA COMUNIÓN DE UN ALMA DEVOTA CON DIOS .... EL SALMISTA ES AQUEL CUYO DESEO Y FIRME PROPÓSITO ES HACER DE LA LEY DE DIOS EL PRINCIPIO DOMINANTE DE SU CONDUCTA, ENTREGAR TODA SU VOLUNTAD Y ASPIRACIONES, SUBORDINAR SU VIDA ENTERA A LA SUPREMA Y PERFECTA VOLUNTAD DE DIOS, CON FE INCUESTIONABLE EN SU ABRAZADORA PROVIDENCIA E INFALIBLE AMOR... ESTE ES EL "SALMO DE LOS SANTOS; EL ALFABETO DEL AMOR DIVINO; EL ABC DE ORO DE LA ALABANZA, AMOR, PODER, Y USO DE LA PALABRA DE DIOS".[1] EL SALMO 119 FUE ESCRITO POR UN JUDÍO DURANTE EL PERÍODO DE LA HISTORIA DE ISRAEL MARCADA POR UNA CULTURA EN DETERIORO, LIVIANDAD MORAL, Y SECULARIZACIÓN. LOS SENTIMIENTOS EXPRESADOS EN EL SALMO FUERON RECIBIDOS, AUN EN LA COMUNIDAD RELIGIOSA, CON HOSTILIDAD Y RIDICULEZ. EL SALMISTA NO REFLEJABA EL ESPÍRITU DE SU TIEMPO. ÉL ERA UN DISIDENTE ESPIRITUAL, MARCHABA AL COMPÁS DE UN DIFERENTE TAMBOR: DIOS.

La devoción del salmista no era un asunto de ritual. La Torá (La Ley) ha sido siempre de alta estima para el pueblo judío. Cada niño judío tiene que pasar por la ceremonia *"bar mitzvah"*, la cual significa "hijo del mandamiento". A la edad de trece años el joven niño abraza un compromiso de adulto hacia la Ley de Dios. Para muchos esto es meramente una ceremonia tradicional, pero para el autor del Salmo 119 esto fue un asunto de real importancia. Él fue, en todo sentido, un legítimo hijo del mandamiento.

EL ALMA EN BUSCA DE DIOS

El Salmo 119 contiene veintidós estrofas completas y cada una representa una diferente letra del alfabeto hebreo. Cada estrofa contiene ocho versículos, cada uno comenzando con la letra hebrea que esa estrofa representa. El Salmo se desarrolla a través del alfabeto consecutivamente.

Aleph

> *Bienaventurados los perfectos de camino,*
> *los que andan en la Ley de Jehová.*

(v.1)

La primera oración del Salmo comienza con una bendición divina. Bienaventurado, es la palabra usada por Jesús en la confesión de Pedro y para introducir las bienaventuranzas. El Salmo comienza con la misma palabra con la que el Libro de los Salmos comienza, *bienaventurado*. Esta bendición es pronunciada sobre aquellos quienes caminan en la Ley del Señor.

Beth

La segunda estrofa celebra el gozo y deleite derivados de la Ley:

> *Me he gozado en el camino de tus testimonios*
> *más que de toda riqueza.*

(v.14)

Esta estrofa también contiene el bien conocido versículo:

> *En mi corazón he guardado tus dichos,*
> *para no pecar contra ti.*

(v.11)

La Ley de Dios, o su Palabra, es capaz de penetrar las cámaras secretas del corazón, no por el mero hecho de ser desplegadas exteriormente como palabras cinceladas en una roca o escritas en un pergamino. El sentimiento del salmista es la meta del cristiano del Nuevo Testamento, tener la Ley de Dios escrita en nuestros corazones.

Es interesante notar que en estas dos primeras estrofas hay un tema fresco en cada una de ellas. En vez de hacer una exposición de todas las veintidós estrofas, repasaré una porción selecta de las estrofas restantes.

Horror se apoderó de mí a causa de los inicuos que dejan tu ley. Cánticos fueron para mí tus estatutos en la casa en donde fui extranjero.

(vv.53-54)

Algunos pueden tener la idea de que el salmista es un legalista o uno que tiene la actitud del "más santo que tú". Él expresa horror hacia aquellos quienes se han olvidado de la Ley de Dios, pero él no es legalista. El amar la Ley de Dios y el guardar la misma no es legalismo; es sencillamente obediencia. El horror del salmista no nace de un espíritu crítico; éste nace de la pena que le causa ver el total descuido de la Ley que tenía el llamado pueblo de Dios. El horror debería ser la respuesta a esta falta de ley o antinomia.

Bueno me es haber sido humillado,
para que aprenda tus estatutos.

(v.71)

El salmista no ve la aflicción como una calamidad, tampoco como un motivo para la amargura, sino como una clase de disciplina por medio de la cual él puede aprender la obediencia.

Lámpara es a mis pies tu Palabra, y lumbrera a mi camino.

(v.105)

Este famoso pasaje resalta la función de la Ley como guía y luz espiritual. Nosotros por naturaleza somos hijos de las tinieblas. Somos como gente sin antorchas llamados a atravesar un sendero rocoso y traicionero en una noche sin luna. Tropezamos y caemos y, mucho peor, tomamos un desvío que nos aparta del camino. Pablo está citando al salmista cuando él dice:

Todos se desviaron, a una se hicieron inútiles; no hay quien haga lo bueno, no hay ni siquiera uno.

Romanos 3:12

Esta acusación universal de la depravación humana consiste en que nosotros nos hemos "salido del camino". Si, nosotros nos hemos desviado del camino que Dios nos ordenó tomar. Antes que los creyentes fuesen llamados "cristianos" [originalmente era un término de burla], se les conocía por "la gente del camino". De aquí que la imagen de sendero, o camino está en el corazón de la enseñanza bíblica.

El salmista entendió que para mantener sus pies en el camino de Dios, él tenía que ser capacitado para ver el camino claramente. Así que él se regocijaba en que el camino estaba iluminado por la Palabra de Dios. La Palabra sirve de luz que disipa las tinieblas y nos permite ver con seguridad el camino por donde andamos.

Jesús mismo, como la Palabra encarnada, es llamado la luz del mundo:

Aquella luz verdadera, que alumbra a todo hombre venía a este mundo.

Juan 1:9

Cuando Jesús se le apareció a Pablo en el camino de Damasco y lo comisionó para que fuera el apóstol a los gentiles, él dijo:

Para que abras sus ojos, para que se conviertan de las tinieblas a la luz ...

Hechos 26:18

Un testimonio adicional del carácter maravilloso de la Ley de Dios se puede ver en los siguientes textos:

Maravillosos son tus testimonios; por tanto, los ha guardado mi alma.

(v.129)

Tu justicia es justicia eterna, y tu Ley la verdad.

(v.142)

En el verso 129 el salmista se refiere a los "testimonios" de Dios. Esta idea es usada veintitrés veces en el Salmo 119. Kirkpatrick nota que la idea de la palabra es:

Aquella atestiguación, o afirmación formal; por tanto, referida a Dios, una solemne declaración de su voluntad sobre puntos [especialmente] de moral o deber religioso, o una protesta en contra de la tendencia humana a desviarse de su voluntad. La palabra vino para ser usada como una designación general de moral y ordenanzas religiosas, concebida como la norma de conducta divinamente instituida.[2]

El término *testimonio* se usa en el Antiguo Testamento como una forma de abreviatura para el Decálogo, o los Diez Mandamientos. La universidad donde yo cursé mis estudios tenía el texto de Isaías 8:16 en su sello oficial: "Ata el testimonio, y sella la Ley entre mis discípulos".

El salmista llama a los testimonios "maravillosos", y el guardarlos, un asunto del alma.

La verdad del versículo 142 fue el punto focal de uno de mis momentos más traumáticos en el seminario. Durante mi primer semestre en el seminario tuvimos una convocatoria académica, y el orador era un erudito del Antiguo Testamento de fama internacional. Él era uno de los originales *Quiz Kids* (panelista) de un famoso programa radial. En su plática él argumentó que toda la Ley del Antiguo Testamento terminó con el advenimiento del Nuevo Testamento, incluyendo la ley moral.

Su tesis generó inmediatamente en una controversia la cual continuó en el próximo período de clases, el cual para mí fue la materia, El Nuevo Testamento en griego. El profesor de griego se despachó con trabajos de gramática de traducción, en lugar de permitir la discusión sobre el tema de la Ley.

Yo me mantuve fuera de la discusión hasta que un estudiante le pidió al profesor que yo le repitiera lo que le había dicho a él en el pasillo antes de entrar a la clase.

—Muy bien, señor Sproul, ¿qué tiene que decir al respecto? —preguntó el profesor.

Tartamudeando un poco, me las arreglé para decir: —Si la Ley moral es el reflejo del carácter de Dios, y el carácter de Dios nunca cambia, se me ocurre a mí que la ley moral no debiera cambiar tampoco.

En ese momento el profesor que había dado la plática que originó la controversia, pasaba por el frente de nuestra aula, y el profesor de griego lo llamó. Entonces, dirigiéndose a mí, el profesor de griego, me dijo:

—Señor Sproul, dígale a él lo que usted me acaba de decir a mí. Cuando lo hice, el profesor del Antiguo Testamento se puso lívido y me manifestó su furia. Él dijo:

—¿Quién se cree que es usted? Usted no es un experto en estos asuntos.

Yo le contesté inmediatamente: —¿Y quién se cree usted para presumir alterar el eterno carácter de Dios?

Un silencio embarazoso envolvió el ambiente. El ofendido profesor se tornó y salió del aula como un remolino.

Yo me quedé deseando encontrar un hueco donde esconderme cuando oí al profesor de griego decir en una voz tierna:

—Señor Sproul, siento mucho haberlo puesto en una situación embarazosa. Yo creo que usted debe ir y hablar privadamente con él.

Se me permitió abandonar la clase de griego, y comencé mi caminata solitaria hacia la oficina del profesor de Antiguo Testamento. Cuando le presenté mis disculpas, sus modales se suavizaron y a la vez se disculpó conmigo. Todo acabó bien, pero ésta fue una experiencia que desearía que nunca se repitiera.

Tal como yo recuerdo todavía el trastorno de aquel episodio, aún me acuerdo también del punto teológico en cuestión. Aunque yo ahora estoy un poco más viejo y, así espero, más sabio, no he cambiado mi punto de vista, encuentro alivio sabiendo que el salmista mantenía la misma posición. Él decía que la justicia de Dios es justicia eterna, la cual ni aumenta ni disminuye, en otras palabras, no cambia. Dios nunca sufre alteraciones en su santo carácter.

Cuando el salmista añade, "y tu ley es la verdad", él está basando su argumento sobre la realidad que la Ley refleja la eterna justicia de Dios. Él confirma esto en el versículo 160:

*La suma de tu palabra es verdad, y eterno es todo juicio
de tu justicia.*

A pesar de tales sentimientos, numerosamente expresados en la Escritura, persiste una mística en nuestros días sobre que el evangelio abolió la Ley de Dios para siempre. Nosotros decimos "a la horca con Moisés", como si el mediador del antiguo pacto fuese más opresor que el Faraón de Egipto contra el cual él tuvo que luchar. La antigua herejía de la antinomia está firmemente atrincherada dentro de la iglesia moderna. El Nuevo Pacto no es visto a menudo como una continuación del Antiguo Pacto sino como una separación. La Ley es vista como anticuada, pasada, y aun en detrimento al crecimiento del cristiano. Nosotros no estamos bajo la Ley, insisten algunos, sino bajo la gracia.

Esa declaración, aunque verdadera en un sentido, puede ser distorsionada hasta el punto de convertirse en una creencia pervertida. El Nuevo Pacto, así como cualquier pacto que nosotros tengamos con Dios, tiene estipulaciones. Fue Jesús, no Moisés, quién dijo: "Si vosotros me amáis, guardad mis mandamientos" (Juan 14:15). Él añadió:

El que tiene mis mandamientos, y los guarda, ese es el que me ama; y el que me ama, será amado por mi Padre, y yo le amaré, y me manifestaré a él.

Juan 14:21

En el Sermón del monte, Jesús hizo una distinción crucial con referencia a la Ley:

No penséis que he venido para abrogar la Ley o los profetas; no he venido para abrogar, sino para cumplir. Porque de cierto os digo, que hasta que pasen el cielo y la tierra, ni una jota ni una tilde pasará de la ley, hasta que todo se haya cumplido. De manera que cualquiera que quebrante uno de estos mandamientos muy pequeños, y así enseñare a los hombres, muy pequeño será llamado en el Reino de los Cielos; mas cualquiera que los haga y los enseñe, éste será llamado grande en el Reino de los Cielos.

Mateo 5:17-19

Éstas son palabras importantes de la boca de Jesús. Él nos advirtió que no pensáramos en los términos de antinomia. Su agenda no consistía en "soltar" o destrozar la Ley. Ni tampoco Él "destruyó" el cumplimiento de la Ley. En este cumplimiento, obviamente, ciertos aspectos de la Ley fueron abrogados. Las ceremonias que señalaban hacia el futuro sacrificio del Mesías fueron claramente abrogadas, así como las leyes de las dietas del Antiguo Testamento. Sin embargo, la esencia moral de la Ley permanece como una revelación de aquello que agrada a Dios. Él insiste en que nosotros no debemos quebrar ni aun el más pequeño de los divinos mandamientos, ni tampoco debemos enseñar a otros que lo hagan.

Por cumplir las demandas de la Ley por nosotros, Cristo removió la maldición de la Ley sobre nosotros. Nosotros fuimos liberados de la rígida carga de la Ley y sus sanciones punitivas. Esto no significa, sin embargo, que se nos haya dado una licencia para actuar sin ley. Vivir fuera de la ley es la marca del anticristo.

El apóstol Pablo en las epístolas de Romanos y Gálatas recalca el punto de que la Ley no nos puede justificar; ella solo nos condena. Nosotros somos justificados por la fe y no por medio de las obras de la Ley. Nosotros, habiendo sido redimidos de la maldición de la Ley, no nos tenemos que "casar con ella" [por ejemplo, mirar la Ley como una vía de salvación]. La ley expone nuestros pecados y nos señala la necesidad que tenemos de un Salvador.

Pablo enfatiza además que no existe nada defectuoso con la Ley. Ésta es impotente para salvarnos, pero ese no fue su propósito. Ésta no es impotente para enseñarnos justicia y revelarnos lo que agrada a Dios. La falta no está en la Ley, sino en nosotros. Pablo escribe:

> *De manera que la Ley a la verdad es santa, y el mandamiento santo, justo y bueno. Porque sabemos que la Ley es espiritual; mas yo soy carnal, vendido al pecado.*

> Romanos 7:12, 14

Lo importante para el cristiano es el sentido espiritual de la Ley. Uno no se puede tornar espiritual por seguir la Ley, pero nosotros podemos aprender el camino de la obediencia por la Ley.

Una de las contribuciones más importantes de Juan Calvino a la Reforma Protestante fue su explicación del papel que la Ley juega en la vida de un cristiano. Calvino delineó la triple función, o uso, de la Ley.

LA PRIMERA FUNCIÓN DE LA LEY

La primera, es exhibir la justicia de Dios —en otras palabras, la única justicia que es aceptable por Dios— la que amonesta a cada uno de su injusticia, lo cerciora, convence y finalmente lo condena. Esto es necesario para que el hombre, quien está ciego e intoxicado con el amor a sí mismo, pueda venir de una vez al conocimiento y confesar su debilidad e impureza.[3]

Calvino hace eco de las enseñanzas de Pablo al mencionar que la Ley fue nuestro ayo (pedagogo) para traernos a Cristo, Gálatas 3:24. El *pedagogo* es el estricto disciplinario quien con una regla nos pega en los nudillos cuando nos portamos mal. Calvino añade:

Si nosotros meramente miramos a la Ley, el resultado tiene que ser desaliento, confusión, y desesperación, al darnos cuenta que todos estamos maldecidos y condenados, lejos de las bienaventuranzas las cuales están a disposición de sus lectores.[4]

Calvino compara la primera función de la Ley con un espejo:

Tal como en un espejo nosotros podemos descubrir cualquier mancha o suciedad en nuestro rostro, así, en la Ley,

NOSOTROS PODEMOS OBSERVAR PRIMERO NUESTRA IMPOTENCIA; ENTONCES, COMO CONSECUENCIA DE ELLA, NUESTRA INIQUIDAD; Y FINALMENTE LA MALDICIÓN, COMO LA CONSECUENCIA DE LAS DOS.[5]

Calvino entonces cita pasajes de San Agustín que expresan este tema:

LA UTILIDAD DE LA LEY ES, QUE ELLA CONVENCE AL HOMBRE DE SU DEBILIDAD, Y LO FUERZA A BUSCAR LA MEDICINA DE LA GRACIA, LA CUAL ESTÁ EN CRISTO.[6]

Otra vez, citando a San Agustín:

DIOS SE DELEITA EN QUE NOSOTROS NO LO PODAMOS HACER, PARA QUE SEPAMOS QUÉ ES LO QUE TENEMOS QUE PEDIRLE A ÉL .... LA LEY FUE DADA PARA HACERTE CULPABLE —Y AL SENTIR LA CULPA, HACER QUE TEMAS, PIDAS POR INDULGENCIA, Y ASÍ NO PRESUMIR DE TUS PROPIAS FUERZAS.[7]

Finalmente, también de San Agustín:

LA LEY FUE DADA, PARA CONVERTIR A UNO QUE SE CREE GRANDE EN UN HOMBRE PEQUEÑO.[8]

¡La Ley convierte a hombres grandes, según el mundo, en hombres pequeños! Esto es la esencia de la primera función de la Ley.

LA SEGUNDA FUNCIÓN DE LA LEY

La segunda función de la Ley según Calvino, es actuar como un freno contra la maldad desenfrenada. Así como una señal de tráfico impone un limite sobre los conductores imprudentes, la Ley de Dios, con su advertencia de castigo, nos reprime sobre el abandono moral premeditado. Calvino escribe:

El segundo oficio de la Ley es, por medio de sus temibles condenas y el consiguiente castigo, contener a quienes, aunque sean obligados, no les importa la rectitud o la justicia. Tales personas son contenidas, no porque sus mentes sean cambiadas o afectadas, sino porque hay algo sobre ellos que les impide cometer ciertos actos, e internamente detiene la depravación, que de otro modo brotaría insolentemente.[9]

La función de la Ley no suaviza el corazón de aquel que haya sido reprimido. Por el contrario, mientras más restringido es uno por la Ley, más hostil se vuelve contra la misma. He aquí, una ironía y una paradoja. Por un lado, la Ley restringe; por el otro lado, ésta inflama e incita al pecado. Pablo escribe:

Mas el pecado, tomando ocasión por el mandamiento, produjo en mí toda codicia; porque sin la ley el pecado está muerto.

Romanos 7:8

Calvino comenta:

Además, cuanto más se limitan a sí mismos, más inflamados están, es cuanto más se enfurecen y se llenan de rabia preparados para cualquier estallido, si no fuera por el furor de la Ley. Y no sólo eso, sino que ellos detestan enteramente la Ley misma, y rechazan al Dador de la Ley; de manera tal que si pudieran, de buenas ganas aniquilarían al Autor de la Ley, porque no pueden tolerar que Él les ordene lo que es correcto pues menosprecian la venganza de su Majestad.[10]

LA TERCERA FUNCIÓN DE LA LEY

Siguiendo con Calvino, el *tertius usus*, o tercer uso, de la Ley fue el más importante para el cristiano en quien mora el

Espíritu Santo. A ésta, llamaremos la función reveladora de la Ley. Aquí la Ley funciona en la vida del cristiano así como lo hizo en la vida del salmista. Calvino dice:

> La Ley es el mejor instrumento para capacitarlos diariamente a fin de aprender con gran verdad y certeza la voluntad del Señor, la cual aspiran a seguir, y para confirmarlos en este conocimiento, como un sirviente que desea con toda su alma aprobarse a sí mismo para su maestro.[11]

Una de las cuestiones hechas con más frecuencia a los pastores y teólogos es la quejumbrosa pregunta: "¿Cómo puedo yo saber la voluntad de Dios para mi vida?" Tal parece como si todo el mundo quisiera conocer la voluntad de Dios, sin embargo, muy pocos quieren conocer su Ley. Esto es una locura teológica. La más fácil y mejor manera de conocer la voluntad de Dios es por el estudio de su Ley. La Ley nos revela aquello que agrada a Dios: obediencia. La voluntad de Dios para nuestras vidas es que seamos santificados.

La Ley no solamente revela lo que agrada a Dios, ésta también nos traza el camino de la obediencia. Calvino escribe:

> La Ley actúa como un látigo sobre la carne, empujándola hacia adelante como los hombres hacen con una mula lenta y perezosa. Aun en el caso del hombre espiritual, que todavía carga con el peso de la carne, la Ley es un constante estímulo, pinchándolo hacia adelante cuando él es invadido por la pereza.[12]

Esta incitación de la Ley a la obediencia es un medio de gracia para el creyente. La Ley, una vez que hemos sido regenerados, lejos de matarnos, incita nuestras almas para agradar a nuestro Salvador. Moisés mismo entendió esto cuando él exhortó a los Hijos de Israel:

EL ALMA EN BUSCA DE DIOS

Y les dijo: Aplicad vuestro corazón a todas las palabras que yo os testifico hoy, para que las mandéis a vuestros hijos, a fin de que cuiden de cumplir todas las palabras de esta ley. Porque no os es cosa vana; es vuestra vida...

Deuteronomio 32:46-47

¡Esto es la vida cristiana! Este es el sentimiento de cualquier creyente que se deleita en la obediencia y busca las bendiciones que fluyen por agradar a Dios. El creyente rechaza el legalismo, pero abraza la Ley en la medida que ésta se aplica a su vida. La Ley es una guía clara para el camino de la vida en obediencia. El amar a Dios es obedecer a Dios.

6

EL ALMA OBEDIENTE

*E*N CUALQUIER DISCIPLINA QUE SIGAMOS, los modelos proveen una norma de excelencia que podemos tomar, y ellos pueden ayudarnos a lograr todo nuestro potencial. Cuando los modelos son personas reales y no héroes místicos, contamos con el beneficio adicional de la inspiración humana. Cuando vemos otros mortales alcanzando altos niveles en esa disciplina, somos motivados a hacer lo mismo.

La Biblia establece, para que los imitemos, modelos de obediencia a personas de sangre y carne. Por ejemplo, el apóstol Pablo era consciente de su lugar como un modelo a seguir cuando él escribió: "Sed imitadores de mí, así como yo de Cristo" (1 Corintios 11:1).

EL MODELO DE MARÍA

Debido al papel central, y motivo de culto, que María ocupa en la teología de la Iglesia Católica Romana, parecería que los protestantes la hubieran sacado de su pensamiento. Sin embargo, María fue escogida para ser la madre de Cristo. La Teología Protestante generalmente está de acuerdo con las enseñanzas encontradas en los grandes concilios ecuménicos de la Historia de la Iglesia Primitiva. Esto incluye aceptar el título dado a María: *Theotokos*, lo cual significa "madre de Dios". En el análisis final, el título dado a María no fue tanto para honrarla a ella sino para exaltar al Hijo que ella dio a luz. Que María fue la madre de Dios simplemente significa que su Hijo fue Dios encarnado. Esto no significa que María fue la generadora de la deidad de Jesús. El "Padre" de Jesús en su concepción fue el Espíritu Santo. Sin embargo, se aceptó en los primeros concilios que Jesús recibió su naturaleza humana de su madre María. Él nació de la simiente de David, de la cual venía su madre María. Sin embargo, este niño humano era además el mismo Dios, *"vere deus"*. Su madre no era Dios pero Él sí lo era. Por lo tanto, ya que Jesús es Dios y María fue su madre queda aclarado que ella de veras, en un sentido, fue la madre de Dios.

El retrato bíblico de María es tan instructivo como inspirador. Si alguna vez una mujer pasó por los senderos de este mundo cuya alma estaba ardiendo por las cosas santas, esa fue María.

EL "FIAT" DE MARÍA

Uno de los aspectos de más controversia y más digno de notar de la vida de María se encuentra en el episodio que contiene lo que la Iglesia Romana llama el *fiat* de ella.

Cuando el ángel Gabriel apareció a María en Nazaret y anunció el nacimiento que vendría, María quedó conmocionada y perpleja. Ella trajo a colación una cuestión obvia:

> *¿Cómo será esto? porque no conozco varón.*

> Lucas 1:34

Cuando Gabriel pacientemente explicó a María que lo que parecía imposible se lograría por la obra sobrenatural del Espíritu Santo, ella dio esta respuesta histórica:

El alma obediente

He aquí la sierva del Señor; hágase conmigo
conforme a tu palabra.

Lucas 1:38

Esta contestación, la cual se basa en las palabras "hágase conmigo" es lo que llaman "el *fiat* de María". Los estudiantes de Latín quienes usan el término *fiat* no se están refiriendo a un automóvil italiano. Para ellos un *fiat* es el imperativo del verbo *ser* en Latín. Un *fiat* es un mandato. Cuando Dios creó el universo al dar una orden, se ha dicho (por San Agustín) que Él creó el mundo por vía del "imperativo divino". Por lo tanto, se llama la "creación por *fiat*".

Que María alteró tal orden, o *fiat*, en su respuesta a Gabriel es un tema importante en la Teología Moderna de la Iglesia Católica Romana. En el Concilio II del Vaticano, dos facciones de la Iglesia Romana se enfrascaron en un debate el cual no se ha resuelto. Las dos facciones (las cuales generalmente representan el pensamiento dividido entre el ala latina y el ala occidental) han sido identificadas como el ala *maximalista* y el ala *minimalista*, así llamadas por el grado de importancia que ellas atribuyen al papel que jugó María en el drama de la redención.

Los *maximalistas* hacen presión por el título de corredentora para María. Ellos insisten en que María tuvo tal papel positivo y necesario en nuestra redención, que es digna de ser venerada junto su Hijo como coredentora. Esta idea (la cual no ha sido adoptada oficialmente por la Iglesia de Roma) hace hincapié en lo que es llamado el paralelo de Eva y María.[1]

Tal como en el Nuevo Testamento se traza una relación paralela entre Adán y Jesús como el segundo Adán, así un paralelo es trazado entre Eva y María, la segunda Eva. El paralelo se enfoca sobre la cuestión de obediencia. Como por la desobediencia de un hombre el mundo fue lanzado a la ruina, así por la obediencia de otro hombre se logró la redención. De la misma manera por la desobediencia de una mujer

(Eva) ocurrió la caída de la humanidad, así por la obediencia de otra mujer (María) se completó la redención.

La asunción detrás de todo esto es que la redención de todo el mundo dependió de la decisión de María de aceptar la proposición del ángel Gabriel. María ejerció su autoridad en una manera positiva por ordenar que esto "fuese así". De aquí que todo el asunto de la entrada de Jesús en este mundo, estuvo sustentado en el *fiat* de María.

El ala *minimalista* se basa en una idea diferente, una mucho más cercana a la idea clásica protestante. El *Fiat*, u ordenanza de María no es un mandato u orden a Gabriel, es un mandato a María, una orden a ella misma. Cuando ella dijo: "Hágase conmigo" ella no estaba en modo alguno ejerciendo autoridad, sino que ella se estaba sometiendo a la autoridad investida en el ángel Gabriel como el representante de Dios.

Desde nuestro ventajoso punto de vista, vemos como algo crucial que la respuesta inicial de María al ángel Gabriel hayan sido las palabras: "He aquí la sierva del Señor".

La contestación inicial de María a la declaración del ángel Gabriel fue una clara subordinación. Ella no se describió a sí misma como "una asociada" o como "una igual" al Señor. Ella era la sierva del Señor, deseosa y ansiosa de ser su sierva. Ni tampoco Gabriel hizo a María una proposición, sobre la cual le fue dada a María una opción moral de aceptarla o rechazarla. Él dijo:

> *El Espíritu Santo vendrá sobre ti, y el poder del Altísimo te cubrirá con su sombra por lo cual también el Santo Ser que nacerá, será llamado Hijo de Dios.*

Lucas 1:35

A este soberano anuncio es al que María asintió gustosa y gozosamente. Sus palabras son un modelo de santa obediencia: "Hágase conforme a tu palabra". Corriendo el riesgo de

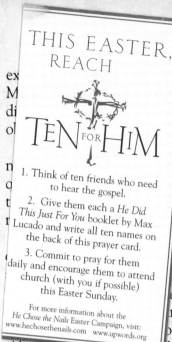

ex... obvio, es importante notar que
M... de acuerdo a mi palabra". La
di... quivale a la diferencia entre la
o...

n... esta de María un modelo para
q... uesta a que le sucediera a ella, lo
t... os. Estaba preparada para some-
r... ualquiera fuese el costo para ella

... a vida de obediencia deseosa. La
... a una vida santa es el mandato a
... os nos llama a hacer.

... a por Dios para realizar una tarea
... nguna manera significa que fue
... o o que ella estaba bajo su maldi-
ción. Lejos de esto, ... do inicial de Gabriel a María capta
el estado en el cual ella se encontraba:

> ¡Salve, muy favorecida! El Señor es contigo;
> bendita tú entre las mujeres.

Lucas 1:28

Este es el Ave María original. El saludo del ángel incluía
un anuncio de la generosidad divina. Ella fue "altamente
favorecida". Este anuncio incluía además la suprema bendición: "*Bendita* eres tú entre las mujeres".

Que María fue singularmente bendecida es un tema continuo en la narración del nacimiento. Por ejemplo, de la visita
de María a su prima Elizabet, Lucas escribe:

> *Y aconteció que cuando oyó Elisabet la salutación de
> María, la criatura saltó en su vientre; y Elisabet fue llena
> del Espíritu Santo, y exclamó a gran voz, y dijo: Bendita
> tú entre las mujeres, y bendito el fruto de tu vientre.*

Lucas 1:41-42

EL ALMA EN BUSCA DE DIOS

Las palabras de Elizabet: "Bendita tú entre las mujeres, y bendito el fruto de tu vientre", están incorporadas en el ritual de la Iglesia Católica Romana conocido como el Rosario, el cual incluye las siguientes palabras:

Dios te salve María, llena de gracia, el Señor está contigo. Bendita tú entre las mujeres, y bendito el fruto de tu vientre, Jesús.

Santa María, madre de Dios, ruega por nosotros los pecadores, ahora y en la hora de nuestra muerte. Amén.

El Rosario combina palabras de Elizabet, Gabriel, y la tradición de la iglesia. Nosotros vemos el énfasis que resalta la bienaventuranza de María.

¿Qué dijo María de sí misma? En su propio cántico de alabanza, el *Magnificat*, María declara:

> *Pues, he aquí, desde ahora me dirán bienaventurada*
> *todas las generaciones.*

Lucas 1:48b

Estas palabras se pueden considerar como proféticas porque ciertamente todas las generaciones desde el primer siglo han dado fe de la bienaventuranza de María.

El *Magnificat*, nombrado así porque es la primera palabra en Latín del cántico de María, nos provee una profunda idea del carácter espiritual de María. Ella comienza su cántico con estas palabras:

> *Engrandece mi alma al Señor; Y mi espíritu se*
> *regocija en Dios mi Salvador.*

Lucas 1:46-47

Estas primeras líneas del *Magnificat* tienen un profundo significado teológico concerniente al papel de María en la redención de la humanidad. Estas primeras líneas tienden a socavar el dogma de la Iglesia Romana sobre la pureza de María. Aun Santo Tomás de Aquino comentó que aquí María reconoce que Dios fue su Salvador. Jesús no fue solamente el hijo de María; Él fue además su Salvador.

Esto puede ser, y en efecto lo ha sido, discutido por subsiguientes teólogos romanos de que Dios puede ser Salvador aunque no tenga que ver con la liberación del pecado. El experimentar cualquier beneficio de la mano de Dios se puede considerar como una clase de salvación sin que ello implique redención de las consecuencias del pecado. Ellos argumentan, entonces, que no es necesario deducir de este pasaje que María quiso decir que Dios la había salvado de su pecado.

El significado del acto de salvación de Dios se puede descubrir en el próximo versículo:

> *Porque ha mirado la bajeza de su sierva;*
> *Pues he aquí, desde ahora me dirán bienaventurada*
> *todas las generaciones.*

Lucas 1:48

La "salvación" de María pudiera simplemente referirse al rescate por Dios a su estado de bajeza. Ella es rescatada de una posición insignificante y le fue dado un estado único y de dignidad al ser seleccionada como la madre de Jesús. Ella es rescatada de la insignificancia y le es dada una función de dignidad por ser seleccionada como la madre de Cristo. En el sentido bíblico ésta no es una pequeña salvación.

Aparte de otras consideraciones teológicas (especialmente que no hay ninguna necesidad teológica de decir que María tenía que estar sin pecado para dar a luz al Mesías), el contexto de las palabras de María sugiere una alta probabilidad que su referencia a Dios como su Salvador deben ser tomadas en el sentido más estricto como Salvador de sus pecados.

EL ALMA EN BUSCA DE DIOS

Si nosotros insistimos en la noción de que María *tuvo* que estar sin pecado para dar a luz un hijo puro (un hijo libre del pecado original) entonces la misma lógica demandaría que Ana, la madre de María, tenía que ser de la misma manera sin pecado. Este factor juega un papel en la doctrina de la Iglesia Católica Romana de la Inmaculada Concepción de María. La Inmaculada Concepción no se refiere a la concepción de Jesús en el vientre de María. La misma se refiere a la concepción de María en el vientre de su propia madre, Santa Ana. De nuevo, empujada a su conclusión lógica exigiría que la concepción de Santa Ana en el vientre de su madre hubiera tenido que ser también inmaculada, y así sucesivamente a través de todas las generaciones hasta llegar a la primera mujer, Eva. (El tema además toca el debate teológico de creación contra el *traducianismo*, el cual enseña, que el pecado original es transmitido de los padres a los hijos).

Un segundo factor que concierne al uso del término Salvador es en el contexto de la narración de la infancia. En el *Magnificat*, María está, sin lugar a dudas, respondiendo en gran parte a la Anunciación hecha por el ángel Gabriel. Él le anuncia a María que su hijo se llamará Jesús. Cuando él también le revela estas nuevas a José, le da la razón para este nombre:

Porque él salvará a su pueblo de sus pecados.

Mateo 1:21b

Todo el contenido del *Magnificat* llama la atención a la relación que hay del nacimiento de Jesús con las promesas del Antiguo Pacto que Dios hizo con Abraham:

Socorrió a Israel su siervo, Acordándose de la misericordia de la cual habló a nuestros padres, para con Abraham y su descendencia para siempre.

Lucas 1:54-55

Estas palabras establecen el tema del *Magníficat* encuadrado en el contexto del Antiguo Testamento de la historia de la redención en un sentido totalmente *soteoriológico*, mucho más allá de un mero rescate de oscuridad social.

Nosotros podemos ver entonces que el *Magníficat* es un himno de adoración y alabanza, así como un himno de gratitud. En él, María revela su propio carácter de devoción espiritual y obediencia. La adoración que ella expresa no es superficial; ésta fluye de la profundidad de su alma. Su canto espiritualmente inspirado hace uso de una forma literaria hebrea, el paralelismo, cuando ella canta:

> *Engrandece mi alma al Señor; y mi espíritu se*
> *regocija en Dios mi Salvador.*

> Lucas 1:46-47

Este es un ejemplo de paralelismo sinónimo por el cual el segundo versículo repite el mismo pensamiento que el primero, aunque empleando diferentes palabras. Los dos principales paralelos son: "alma" y "espíritu", y "magnificar" y "regocijo". El gozo y la exclamación que María expresa por la pasión sentida en su corazón, son característicos del creyente modelo.

Nosotros podemos mirar a la respuesta de María como un mero emocionalismo que carece de substancia. Algunas personas pueden generar entusiasmo con poquito entendimiento. Sin embargo, si nosotros examinamos el registro detenidamente, se hace evidente que la respuesta de María no es un celo sin inteligencia por las cosas de Dios. Cuando nace su niño en Belén, ella, José y el bebé fueron visitados por los asombrados pastores:

> *Pero María guardaba todas estas cosas,*
> *meditándolas en su corazón.*

> Lucas 2:19

"El entusiasmo" espiritual es a menudo de poca duración. El celo de algunos creyentes es sólo tan fuerte como el recuerdo que ellos tienen de la más reciente bendición. Por contraste, María guardaba todas estas cosas. Ella se aferraba a estas cosas, las cuales se convirtieron en un asunto de profunda reflexión en su vida.

En la recopilación para escribir la narración de su Evangelio, Lucas, probablemente tuvo que haber entrevistado a María muchos años después de los eventos ocurridos. La inserción hecha por Lucas a María sobre las cosas que guardaba y meditaba en su corazón, es probablemente un informe de la misma boca de María.

Lucas agrega a la narración de la infancia, detalles cuando Jesús fue traído al templo para la dedicación, y sobre su encuentro con Simeón y la profetiza Ana (Lucas 2: 25-39). En este episodio Simeón emitió una profecía que contiene una nota siniestra:

Y los bendijo Simeón, y dijo a su madre María: He aquí, éste está puesto para caída y para levantamiento de muchos en Israel, y para señal que será contradicha (y una espada traspasará tu misma alma), para que sean revelados los pensamientos de muchos corazones.

Lucas 2:34-35

No cabe duda que María reflexionó sobre estas palabras también. Ella vivió lo suficiente para ver el cumplimiento de esta profecía. María fue un testigo ocular de la crucifixión de su propio hijo. Nosotros podemos asumir sin lugar a equivocarnos que cuando el soldado romano clavó su lanza en el costado de Jesús, la misma no sólo traspasó su cuerpo sino el alma de su madre también.

"La participación" de María en la agonía de su Hijo Jesús no la califica a ella como corredentora. Bajo similares circunstancias cualquier madre hubiera sentido el mismo dolor por su hijo.

María es vista en una multitud de situaciones con las que los creyentes se enfrentan en el diario vivir. Ella es un modelo muy valioso de devoción, como la podemos ver en su humildad, obediencia, espíritu de adoración, pensante reflexión en las profundas cosas de Dios, perseverancia en fe, y en aflicción personal. Éstas son las marcas del cristiano de las cuales María fue una modelo triunfante.

SADRAC, MESAC, Y ABED-NEGO

Los relatos del Antiguo Testamento hechos por el profeta Daniel sobre la crisis de Sadrac, Mesac, y Abed-nego es otra ilustración de devoción espiritual. La orden de María fue en realidad sumisión a la orden recibida de Dios. Aquí, en contraste, nosotros podemos ver la orden de un rey impío, y obedecerla requería una traición contra Dios. Los fieles jóvenes judíos demuestran la naturaleza de la obediencia piadosa aun cuando ella cueste un gran precio.

Cuando Nabucodonosor, Rey de Babilonia, levantó una gran imagen de oro en los llanos de Dura, y emitió un decreto que todos y cada uno bajo su reino tenían que postrarse y adorar la imagen cuando se diera la señal. La penalidad por rehusar a hacerlo consistía en ser echado vivo dentro de un horno encendido.

Para los judíos devotos obedecer al mandato real equivalía a un acto de idolatría, y la prohibición contra la idolatría era algo fundamental en la fe judía.

Comprometerse a hacerlo era una tentación cuando la única alternativa era una visita al horno de fuego ardiendo, y cuando multitudes de judíos seguramente obedecieron la orden del rey en vez de obedecer a Dios. Yo estoy seguro que estos mismos pensaron en todas las racionalizaciones posibles. Algunos de ellos seguramente hasta se habrán alabado a sí mismos por practicar la obediencia civil.

La respuesta de Sadrac, Mesac, y Abed-nego, sin embargo, fue heroica. Ellos, valientemente, confesaron su fe al rey diciendo:

No es necesario que te respondamos sobre este asunto. He aquí nuestro Dios a quien servimos puede librarnos del horno de fuego ardiendo; y de tu mano, oh rey, nos librará.

Daniel 3:16-17

Con estas palabras, estos fieles hombres testificaron de la habilidad que su Dios tenía para redimirlos. Sin embargo, aunque estaban seguros que Dios era poderoso para rescatarlos, no estaban seguros que de hecho Dios lo iba a hacer. Ellos conocían la historia. Hubo épocas cuando Dios en su providencia permitió que su pueblo fuera martirizado, que sufriera por causa de la justicia. Sabían esto y estaban completamente dispuestos para esa eventualidad. Ellos añadieron un calificativo crucial a su testimonio:

Y si no, sepas, oh rey, que no serviremos a tus dioses, ni tampoco adoraremos la estatua que has levantado.

Daniel 3:18

Estos hombres reconocieron que Dios tenía una opción. Él podía intervenir a favor de ellos o permitir que ocurriera lo peor. Dios no estaba moralmente obligado a librarlos de esta situación. Ellos lo entendían así. Sin embargo, al mismo tiempo, reconocían que no tenían ninguna opción. Su fe no era negociable. Ellos determinaron no involucrarse en la idolatría sin importar el costo. Su determinación no provenía de una terca y rígida mentalidad; la integridad de ellos estaba en juego. Tampoco fue el resultado de orgullo egoísta; la lealtad de ellos a Dios era la cuestión. De esta manera, prefirieron el horno de fuego antes que desobedecer a Dios.

Nabucodonosor no fue impresionado por la devoción de ellos. Él se tornó colérico y ordenó que el horno fuese encendido siete veces más que lo usual. Esto es un testimonio irónico de la estupidez del rey. Es como si un comandante ordenara que otros siete soldados fueran añadidos al pelotón de fusilamiento. El horno está lo suficientemente caliente como para cumplir su propósito. A Sadrac, Mesac, y Abed-nego no les importaba cuánto más caliente estaría el horno. En realidad, esto sería un acto inverso de misericordia ya que mientras más caliente estuviera el horno más rápido morirían. El encender el horno siete veces más de lo normal fue meramente un acto de cólera para que el rey pudiera satisfacer su propia furia.

Cuando Sadrac, Mesac, y Abed-nego fueron lanzados dentro del horno, los guardias que los tiraron fueron inmediatamente consumidos por las llamas. El rey mismo se acercó al horno para inspeccionar los resultados y se quedó asombrado por lo que él pudo observar. Él le preguntó a sus consejeros:

Entonces el rey Nabucodonosor se espantó, y se levantó apresuradamente y dijo a los de su consejo: ¿No echaron a tres varones atados dentro del fuego? Ellos respondieron al rey: Es verdad, oh rey. Y él dijo: He aquí yo veo cuatro varones sueltos, que se pasean en medio del fuego sin sufrir ningún daño; y el aspecto del cuarto es semejante a hijo de los dioses.

Daniel 3:24-25

La apariencia de la cuarta figura en el horno es misteriosa. La descripción de Nabucodonosor no significa necesariamente que él reconoció la presencia de la segunda persona de la Trinidad. Puede que él se estuviera refiriendo a un ángel. De hecho, más tarde él usó la palabra *ángel*. Tal milagrosa intervención más bien se adaptaría al papel de un ángel (algunas veces se hace referencia a los ángeles como "hijos de Dios"), cuya tarea incluye ministrar a los santos en tiempos de crisis. Por otra parte, este texto pudiera indicar que se refiere a una *Cristofanía*, una manifestación en el Antiguo Testamento de Cristo preencarnado.

Cualquiera que sea el caso, la cuarta figura representa a uno que es enviado por Dios mismo como una señal de la propia presencia de Dios en tiempos de crisis. Sadrac, Mesac, y Abed-nego no fueron confortados solamente por la presencia divina; ellos fueron literalmente rescatados de las llamas:

Y se juntaron los sátrapas, los gobernadores, los capitanes y los consejeros del rey, para mirar a estos varones, cómo el fuego no había tenido poder alguno sobre sus cuerpos, ni aun el cabello de sus cabezas se había quemado; sus ropas estaban intactas, y ni siquiera olor de fuego tenían.

Daniel 3:27

Estos tres hombres emergieron del horno de fuego ilesos, sin ninguna evidencia de haber estado cerca de un fuego y mucho menos dentro de un horno encendido.

El carácter modelo de estos hombres no es simplemente un testimonio a la habilidad y voluntad de Dios para librar a sus hijos. Aun más importante, es un testimonio de la confianza de los santos en la divina providencia, sin importar lo que suceda. La confesión delante del rey Nabucodonosor es un anticipo de la sumisión de María: "Hágase a mí conforme a tu palabra".

Si esta historia hubiese terminado de otra manera, con los cuerpos de Sadrac, Mesac, y Abed-nego carbonizados, el modelo de la devoción de ellos aún hubiese permanecido intacto. Este es un modelo de obediencia del hombre en diferentes tiempos y espacios, y lugares diferentes a los nuestros, no obstante, su fidelidad permanece como un modelo constante para nosotros.

7

EL MODELO DE JOSÉ

EN LA IGLESIA PRIMITIVA, EL APOLOGISTA Justino Mártir apelaba a las vidas ejemplares de los cristianos como evidencia del poder transformador de Cristo. Él le daba prominencia especial al modelo de pureza sexual exhibido por los cristianos. La iglesia primitiva no se dejaba seducir por una cultura dada al erotismo. Los diáfanos mandamientos de Dios habían sido impresos con fuego sobre sus conciencias.

El llamado a la pureza sexual tiene raíces en la historia bíblica primitiva. Aun antes que Moisés recibiese los diez mandamientos en el Sinaí, la pureza sexual era vista como una prioridad de la conducta piadosa. No se debía permitir que la influencia de las naciones paganas sancionara la moralidad sexual. El drama del conflicto entre conducta piadosa y conducta sexual pagana es visto en la vida del patriarca José. Este fue puesto a prueba en un país pagano.

La peregrinación de José, de mero esclavo a convertirse en el primer ministro de Egipto, incluía un tiempo en la cárcel. Aunque inocente, él fue encarcelado después que la mujer de su jefe lo acusara de intento de violación.

En Génesis se describe a José como una "persona piadosa y bien favorecida" (Génesis 39:6). Él era especialmente "bien favorecido" por la esposa de Potifar, la que trató de seducirlo.

Aconteció después de esto, que la mujer de su amo puso sus ojos en José, y dijo: Duerme conmigo.

Génesis 39:7

La invitación de la mujer a una aventura sexual fue directa y provocativa, y ella hizo estas insinuaciones no sólo una vez sino repetidamente. David, el famoso rey de Israel, habría de sucumbir a este tipo de tentación en un futuro, pero José se mantuvo firme y no cayó. Y él tuvo cuidado en explicar las razones:

He aquí que mi señor no se preocupa conmigo de lo que hay en casa, y ha puesto en mi mano todo lo que tiene. No hay otro mayor que yo en esta casa, y ninguna cosa me ha reservado sino a ti, por cuanto tú eres su mujer; ¿cómo, pues, haría yo este grande mal, y pecaría contra Dios?

Génesis 39:8-9.

Aunque José era un esclavo en la casa de Potifar, él evidentemente había sido elevado a una posición de autoridad. Potifar había investido un alto nivel de confianza en su sirviente y Potifar había dado a José acceso a todas sus posesiones salvo una excepción —su mujer.

La conciencia de José era sensible en dos direcciones. Por una parte, él tenía una obligación hacia su señor terrenal, y sucumbir a las insinuaciones de la mujer de Potifar hubiera sido pecar contra Potifar y traicionarlo.

Pero había otra consideración de más peso. Involucrarse sexualmente con la mujer de Potifar sería cometer una ofensa contra la Ley de Dios. Cuando José preguntó: "¿Cómo, pues, podría yo hacer este grande mal y pecar contra Dios?" Él no esperaba una respuesta sensata de parte de la mujer. Esto a todas luces fue una pregunta retórica, y la respuesta era patentemente obvia: él no podía. No había justificación posible para corresponder a la petición.

José no se engañó a sí mismo con racionalizaciones complicadas. Su entendimiento de la Ley de Dios había avanzado de conciencia a convicción de conciencia.

LA CONCIENCIA SENSIBILIZADA

La conciencia, como la describe Santo Tomás de Aquino, es la voz interior de Dios por la cual nosotros nos acusamos o nos excusamos por nuestras acciones. Ésta es una clase de timón interno que frena o acelera nuestra conducta.

La voz interior de la conciencia puede ser silenciada por pecados repetidos. Nosotros desarrollamos silenciadores internos para acallar sus gritos acusadores. Sin embargo, a medida que el Espíritu suena su trompeta en nuestras almas en el proceso de santificación, aquello que había sido silenciado, ahora se amplifica, y nosotros estamos más capacitados para oír.

Aquel que ama la Ley de Dios como lo hacía el salmista, es uno a quién la conciencia le ha sido despertada y capturada por la voz de Dios.

De nuevo, hay etapas en el desarrollo de la conciencia sensibilizada. Para amar la Ley nosotros debemos estar conscientes de ella, y nuestras mentes deben estar empapadas del contenido de la misma. Nosotros no podemos ser convencidos de ninguna verdad a menos que primero estemos conscientes de esa verdad. Sin embargo, para estar al tanto de la Ley no es necesario estar convencido de su veracidad o validez. Todos los días violamos las leyes que conocemos. Vemos la señal junto a la carretera que dice: Velocidad límite 55 millas por hora. Al mismo tiempo miramos el velocímetro que está indicando 60 millas por hora y sabemos que estamos violando la ley de la carretera.

Para hacernos obedientes a la ley no basta con conocer la ley, sino tenemos que convencernos de su veracidad y validez. (Sin embargo, es necesario obedecer la Ley de Dios y las leyes de los hombres aunque pensemos que las mismas no son válidas). Nosotros podemos pensar que el límite de velocidad es tonto; pero se nos manda, aun por Dios, que lo obedezcamos. Debemos obedecer todas las leyes a menos que las mismas nos ordenen hacer aquello que Dios prohibe, o nos prohiben hacer aquello que Dios ordena que hagamos.

Para ser verdaderamente obedientes, debemos estar convencidos y reconocer el principio que requiere obedecer las leyes aun cuando no estamos seguros que sean válidas. Para hacerlo así, es necesario que nosotros ya hayamos pasado por el proceso con respecto a otra ley.

Por ejemplo, yo puedo estar motivado a obedecer una ley hecha por el hombre aunque no esté convencido de su validez, porque yo sé que Dios me manda a obedecer tal ley. Como la Ley de Dios es válida y yo estoy convencido de ello, estoy obligado a obedecer las leyes humanas aun cuando no esté convencido de su específica validez.

En otras palabras, si yo estoy consciente de un límite de velocidad, a mi parecer absurdo, lo debo obedecer por causa de la conciencia, porque yo estoy consciente de que Dios me manda a obedecer a los jueces civiles. Con respecto a la Ley de Dios, de obedecer otras leyes, yo no estoy solamente consciente de que Dios así lo ha mandado, sino estoy convencido y capturado en mi conciencia de que la Ley de Dios es válida. Por lo tanto, podemos obedecer leyes específicas acerca de cuya sabiduría nosotros no estamos muy convencidos, como una consecuencia de nuestra previa convicción de la Ley superior de Dios.

Sin embargo, en algún punto debemos atravesar las etapas. Debemos movernos del conocimiento a la convicción si estamos persuadidos y motivados a obedecer la Ley de Dios.

Pero esto no es suficiente para refrenarnos del pecado. Nosotros podemos estar conscientes tanto de la Ley de Dios como así también estar completamente convencidos de que la misma es válida y sin embargo, todavía desobedecerla. Nosotros podemos estar de acuerdo en que el límite de la velocidad de 55 millas por hora es válido y justo. El problema que nosotros tenemos es que el mismo está en conflicto con nuestros deseos personales. Nosotros queremos movernos más rápidamente. Quizás el temor de ser sorprendidos nos haga recapacitar. O para satisfacer nuestro deseo y todavía evitar ser sorprendidos por la patrulla policial, podemos tomar algunas medidas elaboradas como, instalar en nuestros vehículos un dispositivo para detectar el radar de la policía. Esto revela nuestra intención y premeditación a la desobediencia. Y cuando nos quejamos que la policía usa trampas de velocidad para pillarnos en nuestras faltas, vívidamente desplegamos nuestra falta de conciencia y argüimos que la policía es "tramposa" en su esfuerzo por multarnos. Muchas de las protestas en contra de las trampas de velocidad están basadas sobre protestas anteriores contra el mismo límite de velocidad.

No obstante, el conocimiento de la ley acoplado con una convicción de su validez no es suficiente para motivarnos a obedecer la ley. Una motivación fuerte a la obediencia requiere un factor: una conciencia sensible.

José estaba consciente de la ley de Dios contra el adulterio. Él estaba convencido de su validez. Y la Ley de Dios contra el adulterio había hecho morada en su conciencia.

La conciencia de José no sólo se había despertado al hecho de la verdad de Dios, sino además a su excelencia, un proceso descrito anteriormente en nuestra discusión sobre la doctrina de la iluminación por Jonathan Edwards. Un afecto hacia la obediencia había sido avivado dentro de él, esto fue lo que tocó su voluntad así como su cerebro.

Un hombre puede estar consciente de la Ley contra el adulterio, estar convencido de que la Ley es correcta y buena pero, no obstante, todavía tiene un conflicto. Su deseo interno a pecar es más fuerte que su deseo interior a obedecer a Dios. Cuando esto sucede él peca. Nosotros podemos universalizar segura y exactamente este fenómeno. En el momento que nosotros escogemos pecar, nuestro deseo a cometer el pecado es más fuerte que nuestro deseo de obedecer a Dios. Esto, dicho sencilla y simplemente, es por lo que nosotros pecamos. Puede ser que tengamos un conflicto de deseos dentro de nosotros mismos. Quizás tengamos un deseo general de obedecer al Señor Jesucristo. Pero también tenemos otro deseo: El deseo de pecar. Cuando nuestra inclinación al pecado excede a nuestro deseo de obedecer, cedemos al pecado. Cuando deseamos obedecer más de lo que deseamos pecar, obedeceremos.

La santificación es un desarrollo doble. Por un lado, el viejo hombre con su inclinación pecaminosa está siendo muerto. Por otro lado, el nuevo hombre con sus inclinaciones a la obediencia está siendo despertado y fortalecido. Solamente cuando las inclinaciones espirituales del nuevo hombre están totalmente desarrolladas, es que nosotros podemos ver el progreso en el desarrollo del nuevo hombre.

La mala noticia es que aun cuando nuestro conocimiento de la Ley de Dios vaya de la convicción a la conciencia, esto no es una garantía que nosotros la obedeceremos. David estaba consciente de la Ley de Dios contra el adulterio, y además él estaba ciertamente convencido de su validez. La profundidad de su subsiguiente arrepentimiento demuestra que él no carecía de conciencia sobre este asunto. Pero él se las arregló para entumecer su conciencia hasta que el profeta Natán se la despertara. Entonces, tuvo una real conciencia de lo sucedido.

La conciencia oscila en poder según cada día, pero la misma puede ser fortalecida o debilitada. De nuevo, el proceso comienza con la mente. Mientras más aumento mi conocimiento de la Ley, más me condeno sobre el asunto. A mayor convicción, más fuerte mi conciencia. Mientras más fuerte mi conciencia, mayor es la probabilidad de obedecer.

No es suficiente saber que Dios prohibe el adulterio. No es suficiente estar convencido de que Dios lo prohibe. Puede que todavía no comprendamos cómo ese hecho es totalmente ofensivo para Dios. Nosotros tenemos la tendencia a ver esto como una pequeñez cuando Dios lo ve como una gran ofensa.

Yo creo que el adulterio es malo. Sin embargo, yo estoy rodeado de una cultura que lo ve como una cosa relativamente pequeña. Una sociedad tolerante no se sujeta a la firme posición que Dios mantiene sobre este tema. Quizás pueda ser seducido a pensar, sí, yo sé que es malo, pero todo el mundo lo hace, así que no puede ser tan malo.

Es necesario tener la mente de Cristo en este tema. Tendríamos mucho menos casos de este mal, si tuviéramos la mentalidad de José sobre este particular. Para él esto era un acto de traición en contra de Dios. Para Jesús esto no era ni imaginable. Este es el segundo uso de la ley de Calvino con consecuencia. La mente informada por la Santa Ley de Dios es refrenada del mal. José estaba tan a tono con las prioridades de la Ley de Dios que él aun rehusó el entretener el pensamiento del adulterio. Esto simplemente no era una opción para él. Nosotros vemos una escala similar de prioridades en el mandamiento del apóstol Pablo en relación con la fornicación:

Pero fornicación y toda inmundicia, o avaricia, ni aun se nombre entre vosotros, como conviene a santos.

Efesios 5:3

Pablo dice que la fornicación es un pecado que jamás debería ocurrir entre los cristianos. No permitan que esto se nombre ni una vez entre vosotros, implora él. ¿Cómo reaccionaría Pablo ante el clima sexual reinante en los estadounidenses?

EL ALMA EN BUSCA DE DIOS

Las encuestas indican que la fornicación es un pasatiempo nacional y que es epidémico entre los cristianos. Ciertamente esto se nombra más de una vez entre nosotros. La mayoría de los cristianos todavía consideran la fornicación como un pecado, pero su seriedad se ha deslizado hasta el punto más bajo de todos los tiempos. La fornicación y el adulterio son transgresiones sobre las cuales nuestra conciencia no ha sido sensibilizada adecuadamente. Nosotros hemos rebajado estos pecados al nivel de un pecado menor, a un virtual *pecadillo*.

De muchacho yo no estaba regenerado y, por lo tanto, no era cristiano. Mi alma no estaba dispuesta a la obediencia a la Ley de Dios. Mi problema era lidiar con las leyes de mis padres. Yo obedecía algunas de sus leyes; otras las violaba. Las que tendía a obedecer eran aquellas que se me daban en términos enfáticos. Por ejemplo, un día nuestra vecina más cercana me dijo algo que no me gustaba y yo le contesté: "Usted no es mi madre, por lo tanto, yo no tengo que oírla". Desdichadamente mi madre me oyó decir estas palabras y me dijo: "Bien, yo soy tu madre y yo no voy a tolerar la falta de respeto a las personas mayores". Ella me ordenó que le diera disculpas a nuestra vecina inmediatamente. El mensaje que ella me dio era bien claro: ¡definitivamente nunca se debía contestar a los mayores! No había tolerancia para esto. Inmediatamente corregí mi comportamiento y aprendí que contestar a un mayor era una cosa bien seria y con consecuencias desagradables.

José había sido instruido en la Ley de Dios, así que él entendía que el adulterio no era una opción negociable. El mandamiento de Dios estaba tan metido dentro de su alma que José no necesitaba de un guardián que lo refrenara.

EL FORTALECIMIENTO INTERNO DE LA LEY

El hecho de que una ley es promulgada no significa necesariamente que la gente la va a obedecer. Y, es por esto, que nosotros tenemos agencias para implementar las leyes. Una agencia de este tipo se llama así porque la misma tiene autoridad para usar la fuerza y presionar a la gente a la obediencia de la ley. Éstas no son agencias punitivas. El castigo lo determinan los tribunales.

Si nosotros hemos de ser movidos a la obediencia sin agencias externas que lo implementen, tenemos que tener la ley bien reforzada dentro de nosotros mismos. Tal fortalecimiento viene a nosotros esencialmente en tres formas.

Primero, éste viene vía las Escrituras. Por la repetición del estudio de la Escritura su mensaje es reforzado en nosotros.

Cuando el salmista declara que meditaba en la Ley día y noche, estaba describiendo un proceso por el cual frecuente y repetidamente se exponía a la Palabra de Dios. Su meditación no era superficial ni ocasional. Él se sumergía a sí mismo en la Ley de Dios y llegó a amarla. Los afectos de la Ley se convirtieron en los afectos de su propio corazón.

En segundo, lugar viene por la divina iluminación del Santo Espíritu. Cuando el Espíritu trae convicción de pecado y de justicia, Él escribe la Ley de Dios en nuestros corazones.

El mandamiento para escribir la Ley sobre nuestros corazones no se refiere simplemente a una nueva localización. Ya la Ley, esté escrita en tablas de piedra o impresa en frontales colgando de nuestras frentes, la misma todavía es externa para nosotros. Cuando ella es escrita en nuestros corazones, entonces es interna. Aunque no es tan fácil de ver, es mucho más fácil de obedecer.

El propósito de escribir la Ley en nuestros corazones no es para realizar su *visibilidad* sino su *viabilidad*. Nosotros, entonces, concluimos que tener la Ley escrita en nuestros corazones se refiere a Dios cambiando la disposición del corazón hacia la obediencia.

De nuevo, Dios no escribe su Ley en nuestros corazones hasta que nuestras mentes primero estén conscientes de la misma. La expresión "escrita en el corazón" es usada en la Biblia en dos diferentes aspectos. La primera es con respecto al conocimiento solamente. Aun los paganos tienen la Ley de Dios en este aspecto. Pablo escribe:

Porque cuando los gentiles que no tienen ley, hacen por naturaleza lo que es de la ley, éstos, aunque no tengan ley, son ley para sí mismos, mostrando la obra de la ley escrita en sus corazones, dando testimonio su conciencia, y acusándoles o defendiéndoles sus razonamientos.

Romanos 2:14-15

El apóstol no está declarando que los paganos tienen la influencia santificadora del Espíritu, él está simplemente acertando que ellos no ignoran completamente la Ley de Dios. Él revela su Ley no sólo a través de la luz de una revelación particular, tal como aquella entregada al pueblo por Moisés, sino también a través de la naturaleza. Esta revelación natural es inmediata e innata. Aunque ignorante de la Biblia, la gente tiene un sentido de lo que es recto y de lo incorrecto, y están dotados de conciencia.

Nos podemos referir al tipo de revelación citado arriba como la escritura de la Ley en el sentido cognoscitivo y más amplio. El sentido afectivo y más estrecho se refiere a la influencia santificadora del Espíritu Santo en el corazón del creyente.

Este sentido afectivo y estrecho es lo que el autor del libro de Hebreos tenía en mente cuando aludía a la profecía de Jeremías sobre el Nuevo Pacto:

Por lo cual, este es el pacto que haré con la casa de Israel. Después de aquellos días, dice el Señor: pondré mis leyes en la mente de ellos, y sobre su corazón las escribiré; y seré a ellos por Dios, y ellos me serán a mí por pueblo.

Hebreos 8:10

Aquí el autor de Hebreos hace eco del sentimiento expresado en Proverbios:

Nunca se aparten de ti la misericordia y la verdad; átalas a tu cuello, escríbelas en la tabla de tu corazón.

Proverbios 3:3

Claramente el propósito de atar la Ley alrededor del cuello y escribirla sobre el corazón es para fortalecer la obediencia y para prevenirnos de no olvidar la misericordia y la verdad. El propósito aquí no es conocimiento sino obediencia.

El apóstol Pablo declara que el Espíritu Santo es el autor divino de la escritura en el corazón:

Nuestras cartas sois vosotros, escritas en nuestros corazones, conocidas y leídas por todos los hombres; siendo manifiesto que sois carta de Cristo expedida por nosotros, escrita no con tinta, sino con el Espíritu del Dios vivo; no en tablas de piedra, sino en tablas de carne del corazón.

2 Corintios 3:2-3

El tercer medio de fortalecimiento a nuestra disposición es la gracia concentrada en la iglesia. Aunque la iglesia puede distorsionar la Ley de Dios y convertirse en un agente del legalismo, y así descuidar la Ley hasta el punto de otorgar licencia al pecado, su divina vocación es nutrir nuestras almas y asistirnos en nuestro progreso hacia la santificación.

La iglesia es llamada "santa" porque su vocación es santa —ella está dotada de la presencia del Espíritu— y porque ella está compuesta por personas que se les llama "santos". Ellos son llamados así no porque sean perfectos, sino porque han sido separados por Dios y el Espíritu Santo mora en ellos.

Los medios de gracia, que vienen a través de la iglesia y fortalecen nuestro deseo a obedecer, incluyen la predicación de la Palabra por la cual somos exhortados y confortados. Esto también incluye la adoración sagrada, por la cual nuestras almas son elevadas en adoración y alabanza a nuestro Dios y a través de las cuales se nos recuerda la majestad de Aquel a quien estamos llamados a obedecer. Los sacramentos nos alimentan y nos nutren en nuestro desenvolvimiento cristiano. La oración nos trae a la comunión regular con Aquel que nosotros queremos agradar, y por medio de la fraternidad gozamos de los beneficios del estímulo mutuo de la comunidad cristiana.

Es de tontos y malpensados suponer que progresaremos en la santificación si nos aislamos nosotros mismos de la iglesia visible. En efecto, es común oír a algunas personas declarar que ellos no necesitan unirse a una iglesia para vivir la vida cristiana. Reclaman que su devoción es personal y privada, no institucional o colectiva. Este no es el testimonio de los grandes santos de la historia; ésta es la confesión de los tontos.

Algunas veces, las circunstancias mantienen a la gente, sin que sea su falta, desconectados y aislados de una congregación. Esto sucede, por ejemplo, con los prisioneros de guerra, internos en campos de concentración, enfermos, impedidos, etcétera. Esto es una carga adicional para estos creyentes el estar impedidos de congregarse.

El hecho que José, después de ser vendido como esclavo y llevado a una nación extraña y pagana, permaneció tan devoto a Dios, hace que su ejemplo de obediencia sea todavía más extraordinario. Afortunadamente, la Ley de Dios estaba escrita tan profundamente en su corazón, que él fue capaz de pararse firme en el día de la tentación.

José no sólo mantuvo la fe en Dios a través del episodio con la mujer de Potifar, sino que además perseveró hasta el fin. Permaneció como un modelo de obediencia hasta su misma muerte. Su fe es destacada en la lista de los héroes de la fe en Hebreos capítulo 11:

Por la fe José, al morir, mencionó la salida de los hijos de Israel, y dio mandamiento acerca de sus huesos.

Hebreos 11:22

Nosotros podemos añadir a esta alabanza, que por la fe José permaneció sobrio a pesar de ser asediado por todo el poder de la tentación erótica. Por la fe él guardó el mandamiento y salvó su alma de pecar gravemente contra su Dios.

8

EL ALMA Y SU VALOR

CUANDO HABLAMOS DE LAS PROFUNDIDA-
des del alma humana como el lugar donde el Espíritu
Santo obra en nosotros, y cuando hablamos acerca del amor
a la Ley de Dios que nos alcanza a través de la iluminación
divina y se apodera de nuestra alma, nos damos cuenta de que
el mismo concepto "alma" es asediado, por un lado, por la
duda; y por el otro, oscurecido por la ambigüedad.

Nosotros nos preguntamos si aun es posible en nuestros
días, hablar significativamente acerca del alma humana. De
hecho, hay muy poca razón, si lo hay, para hablar del alma
humana en nuestra cultura. La idea de que un aspecto integral
y esencial de nuestra humanidad sobrevive la muerte, es
altamente sospechosa en el mundo moderno. La gente de
nuestra cultura tiene la tendencia a pensar de la vida casi
exclusivamente en categorías físicas.

Sin embargo, la gente todavía habla de conceptos tales
como "mente" o el "yo", pero cada vez más la idea de "mente"
es definida como algo químico-físico. Y en algunas escuelas
del pensamiento, este mismo es reducido a una serie de
impulsos "eléctricos" que ulteriormente se convertirán en
reacciones físicas. Que el pensamiento y la mente son realidades no físicas ya no se da por sentado. Por otro lado, John
Gerstner, autor de razones para la fe, interpreta una distinción
esencial y aguda entre la mente y la materia. Cuando se le

pidió distinguir entre las dos, Gerstner mencionó una pregunta popular. "¿Qué es la materia? —¡No te preocupes! ¿Qué es la mente? —¡No importa!"[1]

En el siglo diecisiete, el filósofo y matemático francés, René Descartes, probó la eterna cuestión de la relación entre la mente y el cuerpo y entre el pensamiento y la acción.[2] En su compleja discusión de la interacción entre las dos, él se preocupaba por cómo los pensamientos dan paso a las acciones y cómo las acciones dan paso a los pensamientos.

En este tiempo y momento yo estoy comprometido con el proceso de escribir un libro. Mi mente está enfocada en las ideas que yo quiero traducir al papel. Algunos de ustedes a medida que leen estas líneas se preguntarán si estoy "completamente loco", sin embargo, en todo momento ustedes están conscientes de que están leyendo pensamientos que provienen de mi mente. Para que yo pueda transmitir los pensamientos de mi mente a las mentes de ustedes, tiene que desarrollarse ciertas acciones. La primera acción es aquella en la que yo me ocupo. Yo tengo una pluma en mi mano, y estoy escribiendo palabras sobre un papel. Más tarde estas palabras serán impresas en un procesador. Aún más tarde ellas pasarán a la imprenta, para ser impresas sobre un número de páginas, y publicadas en la forma de un libro. Pero por el momento esto es solamente un ejercicio de pluma y tinta. Yo no estoy conscientemente pensando sobre la acción física de manipular la pluma en mi mano. (Mi secretaria puede dar testimonio de esto cuando ella trate de descifrar los jeroglíficos de mi escritura). De nuevo, mi mente está enfocada en los pensamientos que estoy escribiendo. Sin embargo, sin la función de mi mente yo no sería aun capaz de guiar la pluma sobre el papel, una acción incitada y controlada por mi mente. Mis dedos no funcionan independientemente de mi cerebro. (¡Hurra! Me acabo de introducir en la idea moderna por identificar mi mente con mi cerebro). Este es el tipo de cuestión que Descartes probó. Pero la acción tiene otro lado.

Yo acabo de interrumpir mi escritura para pedir al camarero que me traiga un té frío. (Howard Hudges, una vez señaló que él tenía una oficina en cada hotel en América porque tenía el excéntrico hábito de programar reuniones de negocio en los cuartos de baño de los caballeros. Yo tengo una oficina en cada restaurante de América donde me siento a escribir. Por favor, manténgame ese secreto no vaya a resultar que me quieran cobrar el alquiler por todos esos lugares que utilizo). ¿Por qué he ordenado un té frío? Yo estaba sediento. La "acción" de tener sed provocó una idea en mi mente. La idea fue conseguir algo frío para beber. Entonces puse la idea en acción y ordené al camarero un té frío.

Tú también estás comprometido en una acción con tu cuerpo. Estás leyendo este libro. Estás usando tus ojos para ver las palabras impresas o tus oídos para oírlas si alguien te está leyendo, o tus dedos para sentir las palabras si estás usando el sistema Braile (escritura para ciegos). Mientras tú lees, escuchas, o sientes, cualquiera de estas acciones hilvanan pensamientos en tu propia mente. Estos pensamientos se convertirán en acciones si tú le das este libro a un amigo u otra persona para que lo lea, o si tú me escribes una carta y me haces saber lo que piensas sobre mis ideas.

Los pensamientos generan acciones y las acciones generan pensamientos. Las acciones son básicamente físicas. Los pensamientos no son básicamente físicos (aunque por el momento parecen requerir un aparato físico —es decir, un cerebro— que los contenga). Descartes distinguió entre el cuerpo y la mente al usar los términos *extensión* y *no-extensión*.[3] Lo extendido es aquello que ocupa espacio y que puede ser medido. Lo no extendido no ocupa espacio y es inmensurable. Descartes recurrió a las matemáticas para descubrir una fórmula para conectar los dos conceptos. Él usó el concepto matemático del "punto" para llenar el espacio. El "punto" es un híbrido filosófico, ni pez ni ave. Ocupa espacio pero carece de extensión mensurable.

La solución de Descartes a la cuestión de la relación entre el pensamiento y la acción fue retada por pensadores posteriores quienes ofrecieron diferentes teorías para dar cuenta de la interacción entre el cuerpo y la mente. Nadie, sin embargo, ha podido evitar, final y completamente, la diferencia esencial entre la mente y el cuerpo. Aun aquellos quienes argumentan que los pensamientos no son nada más que meras acciones físicas, determinados por causas físicas incontrolables, usan pensamientos para tratar de persuadirnos sobre su punto de vista. Si nosotros estamos totalmente condicionados para pensar lo que pensamos, entonces, el argumento que muestra que nosotros estamos condicionados, está de la misma forma condicionado y carece de validez lógica. Si todos los argumentos son determinados por causas físicas ningún argumento puede ser válido, incluyendo el argumento de que todos los argumentos están determinados por causas físicas. Tal argumento, de hecho, carecería de inteligencia.

Al pensar acerca de un pensamiento, no podemos trascender el pensamiento mismo. Para contemplar el pensamiento nosotros tenemos que pensar hacerlo. El mismo ejercicio involucra un conocimiento de algo no físico.

Immanuel Kant es famoso por su destacado trabajo: *The Critique of Pure Reason* (La crítica de la pura razón), en la cual él lanzó una crítica masiva de los argumentos tradicionales sobre la existencia de Dios. Él terminó en agnosticismo teológico. En el proceso, Kant hizo una distinción crucial entre las dos esferas. Él llamó a estas dos esferas la *noumenal* y la *fenómenal*.[4] La esfera *fenómenal*, o el mundo, es, como la palabra sugiere, la esfera de los fenómenos. Esto es básicamente el mundo físico que nosotros percibimos con nuestros cinco sentidos. Ésta es la esfera que nosotros podemos ver, oír, palpar, tocar, u oler. Es el mundo de la investigación científica, una esfera que puede ser medida y analizada por la observación, experimentos, y cosas semejantes. Este es el mundo sensible, el mundo abierto a los sentidos.

Nosotros vivimos en el Nexo Kantiano. La cuestión duradera de la filosofía de hoy día es ésta: ¿Existe alguna otra cosa? ¿Existe una esfera arriba, más allá, debajo, afuera, o detrás del mundo sensible? Además del mundo sensible o la esfera física ¿existe una esfera que llamamos metafísica? Kant argüía que quizás existiera esa esfera, pero si existe, nosotros no tenemos acceso a la misma. Esta esfera extra física él la llamaba la esfera *noumenal*.

La teología ha sufrido por causa del agnosticismo y escepticismo de Kant, porque él asignó a Dios al mundo noumenal. Para el señor Kant, si Dios existe Él se mantiene encerrado en una esfera a la cual nosotros no tenemos acceso. La razón no se puede levantar hasta Su esfera ni ninguna ciencia empírica la puede explorar. La gente puede "saltar" a ella por la fe, pero tal salto siempre será fuera de lo científico y sin inteligencia. Kant personalmente se sentía constreñido a afirmar la existencia de Dios por razones prácticas. Él argumentaba que nosotros debemos vivir "como si" hubiera un Dios, porque sin esa asunción, las éticas no tendrían sentido, y sin las éticas la sociedad se desintegraría. (Él tenía ciertamente la razón en esto, pero Dostoyevski fue aun más lejos dentro del hilo del pensamiento. Él escribió que sin Dios *todas* las cosas son permisibles).

Aunque Kant retuvo la idea de Dios en su pensamiento práctico y ético, él permaneció agnóstico sobre la habilidad de conocer a Dios a través del pensamiento teórico.

Este no es el lugar para contestar al agnosticismo teórico de Kant, con relación a la existencia de Dios. Yo he hecho eso en *Classical Apologetics* (Apologías clásicas). Pero es importante ver que parte de la influencia del escepticismo de Kant es la confusión acerca de la realidad y naturaleza del alma humana. Dios no es la única entidad o concepto asignado por Kant al mundo de la intuición intelectual. Él exilió además otras preocupaciones vitales de la filosofía tradicional a esta tierra teórica de nunca jamás. Estos fueron (1) *Esencias* filosóficas (las cosas en sí mismas) y (2) la *personalidad*.

La primera de estas dos la podemos dejar para que la debatan los filósofos. Pero la segunda es vital para nuestra preocupación sobre el alma. Kant fue tan agnóstico acerca de conocer la personalidad como lo fue acerca del conocimiento de Dios. Y justamente como él echó una carrera final para llegar a Dios a través de las éticas prácticas, él echó una carrera final para preservar alguna idea sobre la personalidad humana. A pesar de que dijo que la personalidad no podía ser conocida a través de medios convencionales, él todavía la afirmó. Kant llega hasta la personalidad por lo que él llamó (un lenguaje un poco oscuro) la *percepción trascendental del ego*.[5]

La persona laica oye esta frase y justamente se pregunta: "¿Qué significa esto en este mundo?" Kant nos regañaría por hacer una pregunta de algo "en el mundo" porque haciendo esto, lo sacaríamos de la esfera *noumenal* a la esfera de los fenómenos. Si usted le pregunta a Kant: "¿Qué significa esto en este mundo?" Él probablemente le contestaría: "no es nada en el mundo, pero ello todavía es algo".

Yo llamo la no-percepción trascendental del ego, la "carrera final" porque ésta busca ir alrededor de la investigación científica o racional.

Kant basaba su afirmación de la personalidad en la "no-percepción", lo cual es conciencia de algo por algún medio que no sea la "percepción". Percibir algo es ponerse en contacto con ello a través de uno de los cinco sentidos. Kant entendía que la gente no podía ver, tocar, oír, palpar, u oler el yo, o "la personalidad". Pero la gente podía ver, tocar, oír, gustar, y oler sus *cuerpos*. Por lo tanto, el cuerpo no debe ser confundido con la personalidad.

La manera de pensar de Kant raya en lo casi místico, intuitivo, o conocimiento inmediato de la personalidad. El punto crucial es éste: Después de todos los análisis científicos y filosóficos, nosotros no nos podemos deshacer de la idea de que estamos conscientes de nosotros mismos como personalidades. Quizás no haya nada más principal o fundamental a todo razonamiento que la simple realidad de estar consciente de uno mismo. Esto es algo básico de la misma vida humana. Aunque ello quizás reta el análisis científico, esto en realidad precede al análisis científico y es la condición *preteórica* necesaria para la investigación científica.

A menudo uso un pequeño juego con mis estudiantes. Les hago dos preguntas: "¿Cuál es su nombre?" y ¿dónde vive usted?" Si uno dice, "Yo vivo en Chicago", entonces le pregunto: "¿está usted ahora en Chicago?" Después de la contestación del estudiante: "No, yo estoy en Orlando" (Florida), le pregunto: "¿está usted vivo ahora?" Con una expresión desconcertante el estudiante me dice: "por supuesto". Entonces le pregunto, "Si usted vive en Chicago y no está ahora en Chicago, ¿cómo puede estar vivo?" Eventualmente les señalo que lo que ellos quieren significar cuando dicen que "viven" en Chicago, es que su hogar o lugar de residencia es Chicago. Donde realmente viven es en cualquier lugar donde estén en ese momento, ellos viven dentro de sus cuerpos; así donde quiera que estén sus cuerpos, allí viven ellos. Yo vivo en mi cuerpo, pero "el yo" que vive en mi cuerpo no puede ser reducido a mi cuerpo.

Si yo pierdo una parte de mi cuerpo, digamos, por amputación, "yo" todavía existo. Mi "personalidad" continúa todavía funcionando. Si en un accidente me convierto en un parapléjico, yo no ceso de existir. Mis piernas, pueden que hayan quedado paralizadas y que mis actividades sean severamente restringidas, pero mi personalidad continúa todavía funcionando.

Todos nosotros nos percatamos de la vida interior consciente. Puede que nosotros nos refiramos a ella como nuestra mente, conciencia, alma, o espíritu. No importa como la llamemos, nosotros nos percatamos que ella difiere significativamente de nuestros cuerpos físicos. Está íntimamente relacionada o entretejida con nuestro cuerpo pero no es nuestro cuerpo.

EL HOMBRE COMO UNA
DICOTOMÍA SUBSTANCIAL

La teología usa el término *dicotomía substancial* para referirse a los aspectos duales de la composición humana. La palabra *dicotomía* viene de una combinación de las palabras griegas que significan "cortar en dos." Desdichadamente, a menudo usamos la palabra *dicotomía* para referirnos a dos diferentes y conflictivas entidades que no pueden ser resueltas. Algunos, por lo tanto, rechazan el concepto teológico de la *dicotomía substancial* porque ella implica un *dualismo* irreconciliable que destruye la unidad de la existencia humana.

Sin embargo, ese no es el significado del concepto teológico. La composición humana no es un dualismo; la misma es una *dualidad*. Esto es unidad en dualidad. Cada uno de nosotros es *una* persona con dos aspectos esenciales, cuerpo y alma.

Las dos referencias bíblicas más antiguas a esta idea es la relación de la creación:

> *Entonces Jehová Dios formó al hombre del polvo de la tierra, y sopló en su nariz aliento de vida, y fue el hombre un ser viviente.*

Génesis 2:7

En esta descripción gráfica el hombre es creado en dos distintas etapas. Primero es formado el cuerpo del polvo de la tierra. Pero el mismo era inanimado, inerte y sin vida. No fue hasta que Dios sopló en él el aliento de vida que el hombre se convirtió en un alma viviente. El lenguaje aquí no dice que el hombre se *ganó* un alma viviente sino que se *convirtió* en un alma viviente. Esto no significa que el cuerpo se convirtió en un alma o que la persona es ahora solamente un alma. Él es un alma viviente precisamente porque ahora *tiene* un alma.

Otro pasaje de Génesis aclara este tema:

Y *aconteció que al salírsele el alma (pues murió), llamó su nombre Benoni; mas su padre lo llamó Benjamín.*

Génesis 35:18

Este pasaje nos habla de que el alma partió del cuerpo. Cuando el cuerpo muere, el alma continúa en acción. La misma idea es transmitida en otro pasaje:

Y *se tendió sobre el niño tres veces, y clamó a Jehová y dijo: Jehová Dios mío, te ruego que hagas volver el alma de este niño a él.*

1 Reyes 17:21

El alma mora en el cuerpo. Ella viene de Dios al cuerpo y en la muerte abandona el cuerpo. La persona entera consiste, entonces, de cuerpo y alma. Éstas son dos distintas realidades o "substancias". De aquí, el concepto de *dicotomía substancial*.

TRICOTOMÍA

A través de la historia de la iglesia se han hecho varios intentos para negar la naturaleza doble de los humanos y reemplazarla por una idea triple o tripartita. Esto es atractivo para algunos a causa de la analogía que existe con la naturaleza de Dios. Ya que Dios es trino, algunos piensan que los seres creados a su imagen y semejanza también deben ser trinos. Pero la fascinación con el número tres no es ni siquiera una justificación para tal idea. Si nosotros insistimos en la analogía, tendremos que concluir en que somos tres en el sentido que Dios es tres, es decir, en tres personas. Dios es trino pero de ningún modo *tricótomo*. Dios es *uno* en substancia, no tres.

Un caso más frecuente para una idea tripartita de la humanidad es sacado de inferencias bíblicas. Se citan generalmente dos textos para mantener esta idea. El primero es de la epístola del apóstol Pablo a los Tesalonicenses:

Y el mismo Dios de paz os santifique por completo; y todo vuestro ser, espíritu, alma y cuerpo, sea guardado irreprensible para la venida de nuestro Señor Jesucristo.

1 Tesalonicenses 5:23

Pablo menciona tres aspectos de nuestra humanidad: espíritu, alma, y cuerpo. ¿Está el apóstol revelando algo acerca de la creación de la humanidad?

Yo no lo creo. Si nosotros seguimos esa lógica, no podríamos pararnos en *tres* substancias sino que tendríamos que añadir otras. En otra parte de la Biblia se mencionan otros diferentes aspectos de nuestra humanidad. Compare, por ejemplo, Marcos 12:30:

Y amarás al Señor tu Dios con todo tu corazón, y con toda tu alma, y con toda tu mente y con todas tus fuerzas. Este es el principal mandamiento.

Nadie deduce de éste, el Gran Mandamiento, que el mismo revela las partes constituyentes del humano. Nosotros no deducimos que tengamos una naturaleza *cuatripartita*, simplemente porque el texto menciona cuatro aspectos. En alguna otra parte de las Escrituras se habla de la voluntad y las entrañas. A veces los términos *espíritu* y *alma*, *corazón* y *mente*, *mente* y *voluntad* se usan intercambiablemente. Es un asunto peligroso leer demasiado en este lenguaje.

Algunas veces la Biblia usa espíritu y alma intercambiablemente, mientras que en otras, hace distinción entre uno y otro:

Porque la palabra de Dios es viva y eficaz, y más cortante que toda espada de dos filos; y penetra hasta partir el alma

*y el espíritu, las coyunturas y los tuétanos, y discierne los
pensamientos y las intenciones del corazón.*

Hebreos 4:12

El efecto de la Palabra de Dios es tan maravilloso, que ella
puede, en su penetrante poder, aun dividir el alma y el espíritu.
Esto puede ser una manera figurativa o hiperbólica de decir
que la Palabra de Dios puede hacer distinciones que nosotros
no podemos. Ella puede dividir aquello que por naturaleza
está unido.

El mismo texto se refiere a los "pensamientos del corazón".
Nosotros usualmente pensamos del corazón, como el asiento
de las emociones, o simplemente como un órgano físico que
es necesario para el bombeo de la sangre a través del cuerpo.
Generalmente asociamos los pensamientos con la mente.
Aquí, sin embargo, los pensamientos del corazón se refieren a
nuestros pensamientos más íntimos. El corazón es el núcleo o
el centro de la persona.

Históricamente, la iglesia ha considerado las distinciones
de la mente, corazón, voluntad, espíritu, y alma como *distinciones
funcionales*, no distinciones esenciales o substanciales.
La noción de la *dicotomía substancial* está detrás del punto
básico: nosotros tenemos en nuestras vidas una dimensión
física, y otra que no la es. El término *cuerpo* incorpora todas
las partes y facetas del ser físico, y el término *alma* incorpora
todas las facetas del ser espiritual o no físico.

LOS PELIGROS DE LA TRICOTOMÍA

No hay nada malo en visualizar nuestra naturaleza humana
en términos *tricotomáticos* o tripartita. Muchos cristianos ortodoxos
han adoptado tal punto de vista. Hay, sin embargo,
un serio peligro al acecho detrás de esto, un peligro que ha
causado que la iglesia históricamente huyera del mismo.

El peligro es éste: Dondequiera que la tricotomía ha sido promovida y abrazada, la misma a menudo ha sido "impulsada" por alguna previa noción herética.

El herético Apolinario fue condenado por su idea tripartita por dos principales razones. La primera fue por fracturar la naturaleza humana de Cristo al decir que Jesús tenía un cuerpo humano y un alma humana, pero que Él tenía un espíritu divino. La segunda razón fue porque daba la impresión que él abrazaba una idea griega de cuerpo y alma que de la misma forma era herética.[6]

La idea griega era claramente la del *dualismo*. Ésta decía que el cuerpo y el alma estaban intrínsecamente en conflicto. El cuerpo por naturaleza es malo, y el alma es buena. La única forma que ellos podrían coexistir en una persona, es si la tensión existente entre el cuerpo y el alma fuera conectada o mitigada por una tercer substancia, a saber, el espíritu. Aquí el espíritu se concibe como una necesidad filosófica para vencer el dualismo inherente de la humanidad.

Ya que la cristiandad bíblica rechaza de plano tal vista *dualista*, la misma además rechaza la tricotomía la que asume esa idea.

Un peligro similar acecha en las enseñanzas de Watchman Nee quien ha ganado un amplio seguimiento entre los cristianos evangélicos. El trabajo representa una síntesis entre la enseñanza bíblica y el dualismo oriental. El dualismo viene a través de su idea de tricotomía.

El movimiento carismático ha traído una ampliamente difundida renovación de la tricotomía. Él mismo usa este punto de vista para justificar el bautismo del Espíritu Santo, por el cual algunos creyentes tienen el Espíritu Santo en sus almas pero no en sus espíritus, mientras que otros lo tienen en ambos. Yo no puedo encontrar absolutamente ninguna Escritura que mantenga este punto de vista.

La teología *dispensacionalista* moderna sigue un patrón similar en su doctrina de santificación, que descansa en parte sobre su asunción de la tricotomía. La Biblia de Scofield abraza la idea tripartita. En una nota al pie de Génesis 1:26-27 podemos leer:

El hombre fue hecho a la "imagen y semejanza" de Dios. Esta "imagen" se encuentra principalmente en la unidad triple del hombre, y en su naturaleza moral. El hombre es "espíritu, alma y cuerpo" (1 Tesalonicenses 5:23). "El espíritu" es aquella parte del hombre la cual "conoce" (1 Corintios 2:11), y la cual lo hace aliado de la creación espiritual y le da conciencia de Dios. "El alma" en sí misma implica vida consciente propia, al revés de las plantas, las que tienen vida inconsciente.

Bajo la óptica *dispensacionalista*, la gente puede ser cristiana pero permanecer carnal. Ellos tienen el Espíritu Santo en sus almas pero no en sus espíritus. Y solamente los cristianos llenos del Espíritu tienen el Espíritu Santo morando en sus espíritus humanos. De este modo hay dos distintas clases de cristianos: uno carnal y otro espiritual.[7]

EL VALOR DEL ALMA

Mucho más importante que la discusión teológica entre la dicotomía y la tricotomía es la importancia de la vida del alma. Al menos, en un punto crucial ambas posturas están claramente de acuerdo: El hombre tiene un alma. Lo que falta por ser visto es ¿cuán valiosa consideramos que es el alma?

Tengo mis dudas en usar el término valor en cualquier discusión teológica, debido a la manera diluida en la cual se está usando en nuestra cultura. A menudo las palabras *valores* y *sistema de valores* se usan en lugar de lo que debió llamarse ética o aun moralidad.

Hay un peligro sutil detrás de este aparente cambio en el idioma.

El término *valor* connota valor o importancia. Históricamente el mismo ha sido usado para expresar asuntos de preferencia personal.

En las ciencias económicas la frase *teoría de valor subjetiva* es útil e importante. La frase tiene valor por sí misma. Esta comunica que el valor de los bienes y los servicios depende de la persona que los procura. El valor de cierta cosa depende de, cuánto yo la deseo o la estimo. Esto es un asunto de preferencia subjetiva. Nadie me puede decir a mí cuánto vale mi automóvil. Yo consigo un estimado del valor de mercado de mi casa, pero no la puedo vender hasta que encuentre una persona que valorice mi casa lo suficiente como para comprarla. Algunas personas valorizan el helado de chocolate más que el de vainilla, pero no existe ningún absoluto que diga que el chocolate es *mejor* que la vainilla.

Cuando la ética se reduce a valores subjetivos, las leyes se convierten en tema de preferencia. No existe lo correcto o lo incorrecto, solamente existen preferencias o valores.

El valor también tiene un importante lugar en el Reino de Dios. El buscar la mente de Cristo en la santificación espiritual involucra en gran medida un intento para traer los valores personales en línea con los valores de Cristo. Jesús mismo usó un lenguaje tomado del mundo económico cuando enseñó sobre la importancia del alma:

> *Porque ¿qué aprovechará al hombre, si ganare todo el mundo, y perdiere su alma? ¿O qué recompensa dará el hombre por su alma?*

Mateo 16:26

Jesús hizo una pregunta fundamental y aplicó un balance eterno al valor relativo del alma humana. Él hizo una pregunta sobre la ganancia neta. ¿Qué queda después de calcular los ingresos y egresos?

En la columna de la ganancia, o activos, del balance de Jesús, tenemos una entrada: El mundo entero. En la columna de las pérdidas, o las deudas, hay también una sola cosa asentada: El alma. De acuerdo con el sistema de contabilidad divino esto equivale a una pérdida neta. De hecho, nosotros estamos en eterna bancarrota.

Jesús está diciendo que ni algo solo, ni todos los bienes y servicios del mundo juntos tienen tanto valor como un alma humana. Ninguna mercancía terrenal se puede cambiar por un alma.

"¿Qué recompensa dará el hombre por su alma?" Ésta es una pregunta retórica. La contestación obvia es: nada. Nosotros no poseemos nada, ni podemos ganar nada de igual valor, o casi igual, al de nuestra alma.

Nuestras almas son, sin lugar a dudas, las posesiones más valiosas que tenemos. Sin embargo, no siempre asignamos tan alto valor a nuestra alma. Se dice cínicamente que "todo hombre tiene su precio". En otras palabras, todos nosotros estamos dispuestos a vender nuestras almas si el precio es apropiado.

Se dice que el señor Winston Churchill le dijo a su máxima enemiga Lady Astor:

—¿Estaría usted dispuesta a acostarse conmigo por un millón de libras?

Lady Astor miró a Churchill con disgusto:

—Bueno, quizás, por un millón de libras.

Entonces Churchill le contestó sarcásticamente:

—¿Qué le parece por diez chelines?

Lady Astor hizo sentir su disgusto al replicar:

—¡Dios me libre! ¿Qué se cree usted que soy?

Churchill respondió.

—Señora, ya hemos establecido lo que es usted, solamente estamos regateando el precio.[8]

Esta anécdota es cómica, pero la prostitución espiritual no es asunto para reírse. Israel fue acusado repetidamente por

Dios de jugar el papel de una prostituta por ser infiel a su pacto. De la misma manera la iglesia, la esposa o novia de Cristo, se puede vestir de prostitución por devaluar el valor de las almas humanas.

Nosotros vivimos en una economía de mercado en la cual los médicos se encuentran entre los profesionales más bien pagados. Los ministros del evangelio, por otra parte, se encuentran entre los peor pagados. Nosotros estamos dispuestos a pagar grandes sumas de dinero por el cuidado de nuestro cuerpo. Sin embargo, cuando se trata del cuidado y la nutrición de nuestras almas actuamos en forma avara.

En la economía nacional de Israel, Dios permitió que el precio de los artículos de consumo y servicios fuera determinado por el precio de mercado, pero con una excepción crucial. Él requería que toda persona pagara un diezmo que sería distribuido a los levitas, a quienes se les había confiado el ministerio sacerdotal y la educación. Dios tomó medidas especiales para asegurar el cuidado y la nutrición de las almas. Estas medidas son comúnmente ignoradas en la cultura moderna.

Todos los años doy cursos de doctorado sobre el ministerio en el seminario. Los estudiantes en este programa tienen que haber servido por lo menos cinco años en el ministerio para ser elegibles para matricularse. Cuando los pastores se juntan en este lugar, discuten algunos asuntos para la clase, que nunca discutirían en sus propias congregaciones. No hay forma que yo pueda ponderar o exagerar las severas dificultades financieras que estos hombres encaran. Ninguno de ellos entra al ministerio por la motivación del dinero. Saben que nunca llegarán a ser ricos. Pero a menudo están profundamente descorazonados y heridos por el mensaje que ellos reciben de sus congregaciones a la hora de pagárseles un salario, cuando se dan cuenta de cuán poco valor tienen ellos, como el trabajo del ministerio para la gente a la cual ellos ministran.

Yo me siento profundamente conmovido. Trato de estimularlos y les recuerdo que su deber está atado al valor de las almas que le han sido confiadas, aunque esas almas no aprecien el valor que ellos representan. El pastor de una congregación debe valorizar sus ovejas mucho más de lo que ellas lo valorizan a él o aun a ellas mismas. Esto es precisamente lo que Cristo hace por nosotros.

En otra parte Jesús habló del valor relativo del cuerpo y el alma.

> *Y no temáis a los que matan el cuerpo, mas el alma no pueden matar; temed más bien a aquel que puede destruir el alma y el cuerpo en el infierno.*

Mateo 10:28

De nuevo Jesús pone un precio sobre el valor del alma. El cuerpo puede perecer, pero el alma continúa viviendo por la eternidad. Perder un alma que va al infierno es sufrir una pérdida eterna de nuestra más preciosa posesión.

El dar al alma el valor merecido es atender diligentemente su nutrición y crecimiento para que la misma se pueda mover de gracia en gracia y de vida en vida.

9

LA ALIMENTACIÓN
DEL ALMA

SI UN ALMA HA DE SER NUTRIDA, ELLA TIENE
que ser alimentada y atendida con prioridad. Esta es la
tarea de la iglesia. Aunque Dios mismo es el autor y dispensa-
dor de la gracia por la cual nosotros somos justificados y
santificados, Él ha dado a la iglesia los medios de la gracia.

Dios utiliza *medios*, o *instrumentos*, para guiarnos hacia la
santidad. Así como un cirujano utiliza el bisturí y el médico la
medicina para efectuar una cura, de la misma manera la
sanidad de nuestras almas enfermas por el pecado es adminis-
trada por la gracia.

Uno de los votos que yo tomé cuando me convertí en un
miembro comunicador de una congregación, fue: "hacer uso
diligente de los medios de la gracia". Antes que yo pueda
hacer uso diligente de cualquier cosa, necesito saber qué es lo
que yo estoy usando. Cuando al principio hice este voto, no
tenía una idea de lo que esto significaba —no sabía en que
consistían los medios de la gracia.

LOS MEDIOS DE LA GRACIA

El primer instrumento por el cual la gracia santificadora es
dispensada a nosotros es la Escritura misma. Como nosotros
hemos establecido, no hay esperanza de alcanzar un nivel más

profundo de la experiencia y el crecimiento cristiano si nosotros descuidamos el estudio de la Palabra de Dios.

Cuando el apóstol Pablo trae a ambos, judíos y gentiles, delante del tribunal de Dios y los encuentra culpables de estar bajo el pecado, él pregunta:

¿Qué ventaja tiene, pues, el judío? ¿o de qué aprovecha la circuncisión?

Romanos 3:1

Él contesta su propia pregunta en términos enfáticos:

Mucho, en todas maneras. Primero, ciertamente, que les ha sido confiada la palabra de Dios.

Romanos 3:2

Ser un miembro de la comunidad de Israel, no era una pequeña ventaja como Pablo indica por las palabras: "Mucho en todas maneras". Entonces, él indica la *principal* de estas ventajas, a saber, la Palabra de Dios les ha sido confiada.

Si Israel tenía una ventaja redentora, los miembros de la iglesia cristiana tienen aun una mayor ventaja. El ser miembro de una congregación no es una garantía de salvación mayor de lo que era ser judío en los tiempos del Antiguo Testamento. Pero el ser miembro de una congregación es estar en una mejor posición de recibir la gracia, porque es en la iglesia donde los medios de la gracia están abundantemente concentrados. En este sentido, por lo menos, nosotros estamos acordes con San Agustín: "Aquel quién no tiene a la iglesia como su madre tampoco tiene a Dios como su padre"[1]

En la iglesia la Palabra de Dios es proclamada. También tenemos la ventaja que oímos su *explicación*, ya que a la iglesia le han sido dado maestros equipados por Dios para ayudarnos a entender y aplicar las Escrituras a nuestras vidas. Aunque el

Espíritu Santo es el maestro supremo de la Palabra de Dios, Él no es el único maestro. Pablo declara:

> *Vosotros, pues, sois el cuerpo de Cristo, y miembros cada uno en particular. Y a unos puso Dios en la iglesia, primeramente apóstoles, luego profetas, lo tercero maestros, luego los que hacen milagros, después los que sanan, los que ayudan, los que administran, los que tienen don de lenguas.*

1 Corintios 12:27-28

El oficio de enseñanza de la iglesia fue instituido por Dios para nuestra edificación. Nosotros necesitamos maestros si hemos de hacer uso diligente de los medios de la gracia, entre los cuales se encuentra la Palabra de Dios.

En su trabajo "Sobre conociendo a Cristo" (*On Knowing Christ*) Jonathan Edwards escribe:

> No hay otra manera por la cual cualquier medio de gracia, no importa cual sea, puede ser de algún beneficio, sino por el conocimiento. Por lo tanto, la predicación del Evangelio no tendría, por completo, ningún propósito si ésta no acarreara conocimiento a la mente.[2]

Edwards, perseguido por su inquietud de que nosotros diligentemente preguntemos acerca del conocimiento de Dios, dice:

> Por lo tanto, la adquisición de conocimiento de estas cosas debería ser el principal objetivo de todos aquellos quienes tienen la ventaja de disfrutar de la enseñanza de las Santas Escrituras.[3]

Edwards habla de las verdades de la Biblia como que son "la excelencia superlativa" y de "infinita importancia" para todos los cristianos. Él añade:

En cuanto a otras ciencias, él nos ha dejado por nuestra cuenta, a la luz de nuestra propia razón. Pero en cuanto a las cosas divinas, siendo de una importancia infinita para nosotros, Él no nos ha dejado en las manos una dirección incierta, sino que nos ha dado Él mismo una revelación de la verdad sobre estos asuntos, y ha hecho muy buenas cosas para transmitir y confirmar las mismas a nosotros; levantando diferentes profetas en distintas épocas, inmediatamente inspirándolos con su Espíritu Santo, y confirmando la doctrina de ellos con innumerables milagros o maravillosas obras fuera del curso establecido de la naturaleza. Sí, Él levantó una sucesión de profetas, la cual mantuvo por varios siglos.[4]

Edwards concluye en su resumen de la actividad reveladora de Dios, que: "si Dios hizo tan grandes cosas para enseñarnos a nosotros, nosotros debemos poner de nuestra parte para *aprender*".[5]

En el caso de la revelación divina, no podemos advertir con mucha razón que si el estudiante no aprendió, fue porque el maestro no enseñó bien. No podemos echarle la culpa al maestro. Si nosotros continuamos en ignorancia en cuanto a la Palabra de Dios, la falta es nuestra, no de ningún otro. Esto involucra una penosa negligencia de este medio de la gracia.

La persistencia en tal negligencia no refleja una mera debilidad en la vida del cristiano. Más bien, ello indica que el profeso creyente no es en realidad un creyente. La profesión de fe de la persona tiene que ser espuria, y el Espíritu Santo no mora en esa persona.

Jesús mismo declaró:

Si vosotros permaneciereis en mi palabra, seréis verdaderamente mis discípulos; y conoceréis la verdad, y la verdad os hará libres.

Juan 8:31-32

Este dicho de Jesús es expresado en términos condicionales. El mismo es una declaración hecha con los adverbios *si, entonces*. La condición dada por la palabra "si" la cual claramente nos llama a "continuar", o "permanecer", en su Palabra, es necesario para el *discipulado* auténtico. Si nosotros tomamos seriamente esta condición, tenemos que inferir que su opuesto es igualmente verdadero, a saber, que si nosotros no continuamos en su Palabra, no somos sus discípulos. Si nosotros no somos sus discípulos, entonces no seremos libres, y continuaremos bajo la esclavitud del pecado.

Un discípulo, o "estudiante", de Cristo es aquel que se matricula para el curso completo. No hay graduación de esta escuela hasta que nosotros hayamos entrado al cielo. El verdadero discípulo no es aquel que meramente se interesa superficialmente en la Escritura u ocasionalmente permite que la Palabra le haga cosquillas en sus oídos. Los verdaderos discípulos son honestos y diligentes en vivir de acuerdo con la Palabra de Dios.

LA ADORACIÓN COMO MEDIO DE LA GRACIA

El segundo medio de la gracia por el cual nosotros somos espiritualmente fortalecidos es la adoración, la cual envuelve una postura reverente ante la majestad de Dios y una expresión de adoración sin fingimiento brotando de las cámaras más profundas del alma. Jesús dijo a la mujer samaritana:

Mas la hora viene, y ahora es, cuando los verdaderos adoradores adorarán al Padre en espíritu y en verdad; porque también el Padre tales adoradores busca que le adoren.

Juan 4:23

Los dos requisitos de adoración aceptables son que la adoración sea ofrecida en forma espiritual y de acuerdo con la verdad. Nosotros podemos obtener una idea más clara al considerar los opuestos de estos requisitos. El opuesto del espíritu es la carne, y el opuesto de lo verdadero es lo falso. Para Dios tanto la adoración carnal como la adoración falsa son repugnantes e inaceptables. Antes que sea de su agrado, las mismas ofenden su santidad e insultan su honor.

La adoración que es superficial o indiferente es carnal. En efecto, ésta no es adoración en modo alguno. Cuando asistimos a un servicio de adoración pero no permitimos que nuestro espíritu se envuelva en la adoración, equivale a deshonrar a aquel quien es digno de adoración.

Como que Dios es eterna e intrínsecamente digno de nuestra adoración, así es nuestra obligación moral de rendirle adoración. La adoración es la cuota de Dios. Nosotros cometemos traición espiritual cuando nos quedamos cortos en darle a Dios lo que a Él le pertenece. Cometemos una máxima injusticia. El fracaso en rendir apropiada adoración a Dios es quizás el más básico y notorio pecado de la raza humana. Esta omisión es el fundamento para la acusación universal de la humanidad ante el tribunal de Dios y la base para la revelación de la ira de Dios en contra de nosotros. El apóstol Pablo trata este punto en Romanos 1. Él declara que los hombres han quedado "sin excusas" porque:

Pues habiendo conocido a Dios, no le glorificaron como a Dios, ni le dieron gracias, sino que se envanecieron en sus razonamientos, y su necio corazón fue entenebrecido; ....
ya que cambiaron la verdad de Dios por la mentira, honrando y dando culto a las criaturas antes que al Creador, el cual es bendito por los siglos. Amén.

Romanos 1:21,25

El apóstol se enfoca sobre tres distintas violaciones de la adoración apropiada. La primera es la negación a glorificar a Dios como Dios. "El glorificar" es atribuir a Dios importancia o "peso". Esto es tratarlo a Él con el respeto y reverencia que sólo Él se merece. En una palabra esto requiere una actitud de reverencia. Cuando la Biblia hace referencia al temor de Dios como el punto donde comienza toda sabiduría, no está hablando de miedo así como un prisionero que está siendo torturado, sino un temor reverente caracterizado por la admiración. Dios es enteramente *admirable*.

Lo contrario de glorificar a Dios, es tomarlo a Él a la ligera. El énfasis de la Escritura sobre la forma en la cual el nombre de Dios es usado no está fundamentado en alguna creencia mágica de hechizos. Más bien, el nombre de Dios es protegido como santo porque el Dios cuyo nombre éste es, es santo. ¿Cómo sería posible reverenciar a Dios mientras a la vez se usa el santo nombre de Dios como una expresión arrogante e irreflexiva? La boca revela lo que hay en el corazón.

Cuando yo era un muchacho, ni siquiera pensaba si tenía que usar mis puños para castigar a cualquiera que insultara el buen nombre de mi madre, pero a mi no me preocupaba, en modo alguno, la santidad del nombre de mi padre celestial. La razón era obvia: yo reverenciaba a mi madre pero no tenía reverencia hacia Dios.

La segunda violación que el apóstol menciona, es la ingratitud. Ya que Dios es el autor de toda y perfecta dádiva, Él se merece nuestra eterna gratitud. Nosotros le debemos a Él nuestras vidas. La falta de gratitud es una actitud de suprema arrogancia. La ingratitud indica que hay un corazón tan lleno de orgullo y suficiencia propia, que no deja espacio para la gratitud a Dios.

La verdadera adoración fluye de un corazón agradecido. Pero de nuevo, el corazón no puede estar propiamente agradecido a menos que, o hasta que, la mente entienda la razón par la gratitud. Antes que nuestros corazones puedan ser debidamente movidos a la gratitud, debemos estar conscientes de que los beneficios de la vida fluyen hacia nosotros, de la providencia de Dios. Para crecer en gratitud es necesario primero crecer en nuestro entendimiento de la gracia. Tanto tiempo como nosotros mantengamos delirios de grandeza de nuestros propios méritos, y nos alabemos a nosotros mismos sobre nuestras contribuciones a nuestra salvación, le impedimos a nuestros corazones la entrada a la adoración genuina.

Es de importancia para el cristiano recordar que estas dos violaciones de la adoración verdadera —irreverencia e ingratitud— son tan básicas a nuestra naturaleza humana caída, tan universales en sus manifestaciones humanas, tan enraizadas por la repetida práctica, que aun la conversión no las erradica instantánea o automáticamente.

El gran teólogo bautista Roger Nicole, una vez recalcó en mis oídos: "Nosotros somos todos pelagianos por naturaleza". Pelagio, el gran herético del siglo cuarto, insistía en que el hombre se puede convertir en justo sin la asistencia de la gracia de Dios. El error de Pelagio, total o en parte, es una plaga constante sobre la iglesia cristiana. Las tendencias de Pelagio nos afectan a todos y no nos dejan ver la maravilla de la gracia divina. Si hemos de errar en nuestra teología, entonces erremos sobre la gracia y no sobre el orgullo humano.

San Agustín nos urgió, contrario a Pelagio, a que abracemos la fórmula salvadora *sola gratia*. Él resaltó que la redención no es *sólo* facilitada por la gracia, más bien obtenida *sólo* por la gracia. La misma no es gracia junto con alguna otra cosa, sino gracia sola. La gracia sola significa sin agregados ni aleaciones, es pura y simple gracia. Augustus Toplady expresó este sentimiento en el popular himno "Roca de la Eternidad":

Nada en mi mano yo traigo,
simplemente a la cruz yo me adhiero.

La "nada" de Toplady no incluye un poquito de "algo".

Las doctrinas de la gracia inflaman el corazón a la gratitud y alimentan las almas de los grandes santos, tales como San Agustín, Santo Tomás de Aquino, Lutero, Calvino, y Edwards. Estos titanes defirieron en varios puntos de doctrina, pero sobre el concepto de *sola gratia* sus voces estaban unidas.

Son las doctrinas de la gracia, sin embargo, las que son ignoradas o despreciadas en la iglesia evangélica moderna. Las doctrinas que inspiraron la formación evangélica original están, en nuestros días, casi en un eclipse.

La tercera violación de la adoración que el apóstol menciona, es la culminación y la consecuencia natural de las otras dos: idolatría. La idolatría es un tipo de adoración —adoración de la carne— pero es una adoración ficticia.

La práctica de la idolatría es altamente insultante para Dios. La gente no está satisfecha con el mero hecho de retener la propia adoración de Dios. Ellos añaden insulto a la injuria por dar la veneración y reverencia que debemos a Dios a otras cosas que no son Dios.

La inclinación humana a la idolatría es tan fuerte que la misma se manifiesta en una multitud de formas. Ni aun las exigencias de los dos primeros mandamientos del Decálogo nos han podido refrenar totalmente de este mal. Calvino declaró correctamente que la humanidad es una *fabricum idolarum*, una verdadera "fábrica de ídolos"[6]. Nosotros producimos ídolos en masa para sustituir al Dios verdadero.

La infección de la idolatría está tan profundamente enraizada en nosotros, que aunque huyamos de la grosería y obvia idolatría como la adoración a árboles, estatuas e imágenes, todavía buscamos algún sustituto para representar a Dios. El adorar a Dios en verdad, significa adorarlo en la totalidad de su carácter revelado. Cuando nosotros deshacemos a Dios de su ira, justicia, santidad, o soberanía, estamos cometiendo el pecado de idolatría. Un Dios que no es soberano no es el Dios de la Biblia. En este punto Karl Barth tenía razón cuando advirtió que aun la cristiandad, si se distorsiona, puede degenerar en una religión idólatra.[7]

La adoración ofrecida en espíritu y en verdad es adoración que procede de un corazón humilde y reverente y es dirigida al único verdadero Dios como está revelado en las Escrituras. Tal adoración alimenta y fortalece nuestras almas; la misma no nutre a Dios. Él no necesita de nuestra adoración. La adoración ficticia nunca podrá ofender a Dios, pero ella nos traerá a nosotros muchas calamidades.

LA ORACIÓN Y LA ADORACIÓN

Un tercer medio de la gracia dado a la iglesia es el ejercicio de la oración, tanto privada como colectiva. En una relación espiritual con Dios es necesario que nosotros desarrollemos una profunda comunión con Él. Esa comunión tiene que ser de dos vías. Dios nos habla por su Palabra; nosotros le hablamos a Él en la oración. El oír la Palabra de Dios exige una contestación o una reacción. Esa contestación incluye, pero no está limitada a la acción. La misma requiere expresión verbal. Dios al mismo tiempo que nos invita nos manda a hablar con Él.

Nuevamente, este mandamiento no es para el beneficio de Dios. Él puede sobrevivir sin nuestra comunión. Ni tampoco necesita de nuestro informe para saber qué está ocurriendo en nuestras vidas. Él conoce las palabras que vamos a decir antes que lo hagamos, nuestros pensamientos antes que se los expresemos, y nuestras acciones antes que las llevemos a cabo. Lo mismo que la adoración, la oración es para nuestro beneficio. Nosotros somos quienes necesitan íntima comunión con Dios. Tal comunión es nuestra más alta experiencia de relación con Él.

El patrón de adoración establecido por Dios con el Israel del Antiguo Testamento realzaba la oración. En las funciones del tabernáculo y el templo la oración sobresalía. Jesús confirmó esto con su reproche a los cambiadores de dinero en el templo, Él dijo que la casa de su Padre debía ser casa de oración.

Las palabras de Jesús puede que tengan un extraño sonido para los cristianos modernos. Nosotros tenemos la tendencia de pensar del edificio donde está localizada la congregación, como una casa de predicación o un lugar para la fraternidad humana. Para estar seguros, este tipo de funciones deben llevarse a cabo en el local de la congregación, pero generalmente nosotros las realizamos hasta el punto de relegar el papel de la oración.

Todavía recuerdo con alguna frustración, la consternación que experimenté cuando era un joven cristiano. Antes de mi matrimonio, la señorita que habría de ser mi esposa y yo solíamos terminar nuestras citas con un momento de oración. En nuestro pueblo la única iglesia abierta por la noche era la Iglesia Católica Romana. Todas las iglesias protestantes estaban cerradas. Nosotros nos escurríamos hasta la iglesia católica, nos poníamos de rodilla en los reclinatorios, y orábamos.

Cuando yo le pregunté a mi pastor por qué el edificio de la congregación estaba cerrado por las noches, él me explicó que esto era para mantener el costo del seguro controlado. Yo le sugerí que él preguntara al cura de la iglesia católica donde obtenían su seguro. Esto no sirvió de nada. El local de la iglesia todavía continúa cerrado por las noches, y todavía continúo frustrado.

Mi familia es parte de una nueva misión de la Iglesia Presbiteriana en América del Norte. Hasta que nosotros podamos adquirir un local propio, nos estamos congregando en una propiedad de los Adventistas del Séptimo Día. Este local viene equipado con reclinatorios en cada banco. A mí me encantan. Los reclinatorios son un aspecto pequeño pero algo significativo para mí. Amo el estar de rodillas cuando oro. A mí me parece ésta la postura más apropiada. Yo estoy algo disgustado con los visitantes de nuestra iglesia quienes se quejan de los reclinatorios porque los mismos lucen "demasiado católicos". Si el arrodillarse cuando oramos significa que nos estamos volviendo "demasiado católicos", la próxima vez que me arrodille sobre uno de estos reclinatorios voy a orar al Señor que nos volvamos más "católicos". El tema de la Reforma no fue sobre el arrodillarse o el orar. Lutero nunca protestó de que Roma estaba gastando demasiado tiempo sobre las rodillas.

La oración colectiva debe ser hecha además en espíritu y en verdad. La oración y la adoración pueden ser distinguidas, pero nunca separadas. La oración es una parte necesaria e integral de la verdadera adoración. Ésta es la disciplina de los santos.

Más allá de la de la oración colectiva, está el ejercicio de la oración personal y privada. Ya que yo he escrito extensivamente sobre este tema en otra parte, simplemente ofreceré un breve resumen de la oración efectiva. A mí me gusta el simple acróstico ACGS como una orientación para guiar la oración. El acróstico señala los cuatros elementos principales de la oración:

- Adoración

- Confesión

- Gratitud

- Súplica

Muy a menudo, nuestro tiempo de oración es truncado y aburrido. Nosotros tendemos a gastar la mayor parte, o casi todo nuestro tiempo, enfrascados en las súplicas, que es traer nuestras peticiones ante Dios e invitarlo a complacer nuestras solicitudes personales y a suplir nuestras necesidades particulares y deseos. No hay nada malo con las súplicas. Ésta es una parte necesaria y vital de la dulce comunión de la oración. Sin embargo, cuando nosotros nos sintonizamos en las oraciones de los grandes santos, los oímos haciendo hincapié en otros elementos también. La adoración no es meramente un breve prefacio o introducción a nuestra oración, sino, el mismo corazón de la oración.

Cuando el alma es movida a la adoración, esto se debe usualmente, a que la mente ha estado contemplando la excelencia de Dios. Tal contemplación tiene un efecto doble. Primero, impulsa a la adoración. Sin embargo, mientras adoramos y contemplamos las riquezas de Dios, no podemos menos que estar conscientes del rígido contraste entre la plenitud de su excelencia y la correspondiente falta de ella en nosotros mismos. Tal percepción nos lleva inexorablemente de la adoración a la confesión.

La adoración de Dios, como la Ley de Dios, actúan como un espejo para mostrarnos las faltas de nuestro carácter e impulsarnos a una postura de constricción. La adoración incluye reverencia, y la reverencia nunca es genuina a menos que proceda de un corazón humilde.

La progresión continúa hasta la expresión de gratitud o acción de gracias. No hay beneficio por el cual el cristiano es movido a una mayor gratitud, que aquel del perdón divino. En respuesta a nuestra confesión, el Espíritu nos conforta y nos concede seguridad de que hemos sido perdonados. ¿Quién es de corazón tan duro que al recibir el perdón de Dios no quisiera gritar al cielo, "gracias, Señor?"

Estos elementos —adoración, confesión, y gratitud— se combinan para preparar nuestros corazones para levantar súplicas a Él en un correcto y piadoso espíritu.

LA COMUNIÓN COMO UN MEDIO DE LA GRACIA

Un cuarto medio de la gracia es la comunión. Yo no estoy hablando tanto de la comunión que gozamos con Dios, sino de la comunión que el Credo llama "la comunión de los santos". Esta comunión incluye la verdadera diversión de la fraternidad, pero hay mucho más que esto involucrado. Como pueblo unido en el cuerpo de Cristo, se supone que nosotros nos demos aliento, confortemos, y exhortemos los unos a los otros. Nosotros nos gozamos con los que se gozan y lloramos con los que lloran.

El estímulo mutuo es un ingrediente vital de la comunidad cristiana. El estímulo, como la palabra lo sugiere, ayuda a impartir aliento a los débiles. La cobardía puede ser contagiosa, como lo indica el huir repentinamente de los enemigos en el campo de batalla. Pero el valor también puede ser contagioso. Un ejemplo de un hermano o hermana valiente puede encender los corazones de toda una congregación.

La vida cristiana nunca significó vivir en aislamiento. Cuando Cristo nos redime, Él nos suma a un cuerpo de creyentes. Una vez escuché a un ministro usando una analogía sobre una parrilla y un puñado de carbones encendidos. "¿Qué sucedería —preguntó él—, si se quita un carbón encendido y se pone en un lugar aparte por sí mismo? Pronto cesará la incandescencia y su calor se irá disipando hasta quedar en nada. Así también le sucede a los cristianos quienes se apartan por sí mismos de la comunidad cristiana de los santos, y pierden los beneficios de este vital medio de la gracia".

SACRAMENTOS, LITURGIA, MÚSICA Y ARQUITECTURA

Aunque la cristiandad es establecida sobre revelación verbal, la misma es intensificada por los ejercicios de los sacramentos y la liturgia. Los sacramentos son señales visibles que confirman a nuestros sentidos, la verdad de la Palabra de Dios. Las señales mismas son no verbales, pero ellas significan cosas que Dios, en efecto, ha verbalizado.

Los sacramentos dramatizan la Palabra de Dios. Éstos involucran acciones que aumentan la comunicación.

A través de la señal del bautismo, somos confortados por la seguridad de que Dios ha puesto su marca de propiedad sobre nuestras almas, una marca que es indeleble. Nada la puede borrar. Ésta es una segura y cierta señal de la promesa de Dios de redimir a todos aquellos quienes creen. La validez de esta señal no descansa sobre el ministro quien la aplica o la persona que la recibe. Ésta descansa sobre la integridad de Dios que es quien hace la promesa.

Como el bautismo sella las promesas de Dios a nuestras almas, así la Cena del Señor regula, y repetidamente nutre y fortalece nuestras almas. La Cena del Señor promete la presencia real y fluida de la gracia de Cristo, que invita a su pueblo a su mesa para una comunión íntima con Él.

La importancia completa de la Cena del Señor se merece un lugar por sí sola. Aquí yo estoy obligado a tocar ligeramente lo que nunca tomaría ligeramente. Mientras más crezco en años, mayor es mi fe, y más importancia tiene este sacramento para mí. Si hay un lugar donde yo experimento la mística y dulce comunión de mi alma con Cristo, es precisamente en la sagrada mesa de la Cena del Señor.

En un sentido la experiencia de la Santa Comunión se ha convertido en un momento embarazoso para mí. A menudo encuentro necesario cuando tomo la comunión, cubrir mis ojos con mis manos para impedir la vista pública de las lágrimas que no puedo suprimir. En efecto, la dulzura de tal comunión es a veces, casi más de lo que yo puedo contener a medida que la profusión de la presencia de Cristo inunda mi alma.

Nuestra adoración y devoción sacramental, está interrumpida regularmente por el oír y cantar de la música sagrada. La música misma es un misterio profundo para mí. Los antropólogos seculares, señalan el lenguaje humano en toda su complejidad, como una característica distintiva del "animal" humano. Las vacas mugen, los leones rugen, y los pavos gluglutean su propia clase de "lenguaje", pero nada en el reino animal, ni aun remotamente, se asemeja a la complejidad de la comunicación humana.

Cuando nosotros añadimos a la capacidad humana del idioma, el fenómeno del canto, entramos en una nueva dimensión de comunicación. El ritmo, la armonía, el tono, y la medición poética añadidas al habla humana crean una forma completamente diferente de comunicación, la cual aumenta la profundidad de la expresión humana. El canto es un don, una dádiva divina por medio de la cual nosotros expresamos nuestras alabanzas a Dios.

Es maravilloso cómo Dios ha dado dones a la iglesia con la singular belleza de los trabajos de Handel, Bach, y Mendelssohn. Los grandiosos himnos de la historia conmueven nuestras almas e inspiran nuestros espíritus. Una iglesia en adoración es una iglesia que canta así como levantamos nuestras voces para glorificar a Dios.

La música añade una dimensión crucial a nuestra adoración espiritual —la dimensión de belleza, una virtud en sí misma enraizada en el carácter de Dios. Él es la fuente de toda verdad. Todo lo que es verdadero gira alrededor para dar testimonio de su máxima fuente. Dios es la fuente de toda bondad, todo lo que es bueno refleja la virtud de su autor original. Dios es la fuente de toda belleza. Todo lo que es bello despliega el orden, forma, armonía, y proporcionalidad que es el sello del Creador. Este trío de virtudes —lo verdadero, lo bueno, y lo bello— juntos, constan de un testimonio unificado para el Señor de Gloria.

La poesía en el canto o en el habla, captura un elemento de expresión que trasciende el lenguaje ordinario. El filósofo habla a la mente, mientras que el poeta se dirige al alma. Esto es una cosa sublime que la poesía añadida a la música puede levantar nuestros corazones y exaltar nuestros espíritus a alturas infinitas de alabanzas.

Los cantos en la Biblia generalmente marcan una victoria lograda por Dios para su pueblo. Cuando Dios redimió a su pueblo de la esclavitud de Egipto, Moisés y María vocalizaron sus alabanzas. Cuando Dios puso en fuga las fuerzas de Sísara, Débora marcó el evento con un himno de alabanza:

Oíd, reyes; escuchad, oh príncipes; Yo cantaré a Jehová, cantaré salmos a Jehová, el Dios de Israel.

Jueces 5:3

La Anunciación del nacimiento de Jesús fue marcada por el canto de María, el "Magnificat". Simeón cantó el "Nunc Dimittis" y Zacarías el "Benedictus". En el cielo Dios ha prometido a su pueblo un nuevo canto que cantaremos para conmemorar su victoria final a favor nuestro.

La iglesia moderna está experimentando una crisis en la adoración. Toda suerte de formas de arquitectura experimental, mancha el paisaje mientras que las iglesias luchan para conseguir miembros y atraer el pueblo a sus programas. Las instalaciones de las iglesias parecen acentuar más y más la camaradería, sobre la prioridad de la adoración. Los techos catedrales y los altísimos arcos del pasado, que expresaban la transcendencia de Dios, se han ido. En el pasado, al paso de entrada por el umbral de la iglesia, se lo consideraba como la transición de lo secular a lo sagrado, de lo profano a lo santo. Esa transición ha quedado atrás mientras que las instalaciones de las iglesias de hoy, se parecen mucho más a las oficinas de reuniones públicas.

El alejamiento de la clásica estructura y su forma ha sido parcialmente motivada por una reacción contra la liturgia, formalismo, ritualismo, y externalismo. El celo por la adoración auténtica que no cae en un ritual, alimenta este rechazo de las formas pasadas.

Los profetas de Israel ciertamente hablaron del juicio de Dios contra el formalismo muerto y degenerado que emergió en historia, sin embargo, los profetas no atacaron las formas en sí mismas.

Toda adoración tiene necesariamente algún tipo de forma. Hay rituales en toda iglesia. La adoración colectiva sería imposible sin estas cosas. La única alternativa real contra las formas, sería la informalidad, lo cual derivaría en un caos. Dios no es Dios de caos.

Nosotros no necesitamos una adoración informal. Necesitamos de las formas, estructuras, y rituales, que sean bíblicamente sanos y que conduzcan a la adoración. La liturgia puede ser un ejercicio de formalismo fatal. La misma también puede ser un medio de la gracia si está enraizada en la Palabra de Dios y practicada de todo corazón.

Nosotros necesitamos pensar profundamente en las formas y estructuras que usamos en la adoración. Las mismas tienen mucha importancia. Ellas establecen el tono, el ambiente y el marco para la adoración. Cuando hay buenas formas en uso, en una manera apropiada, ellas promueven la adoración como un medio de la gracia, y como una muestra de lo que será el cielo.

10

BARRERAS AL PROGRESO

EN NUESTRA BÚSQUEDA DE TODA UNA VIDA por el Dios Viviente, somos peregrinos en una tierra extraña. Lo mismo que Abraham, el padre de la fe, nosotros buscamos un país mejor, cuyo arquitecto y hacedor es Dios mismo. Todavía no hemos llegado a nuestro destino. Encontraremos desvíos y barricadas a lo largo de este camino. Algunas veces, nuestro peregrinar se asemeja al peregrinar errante de los israelitas por el desierto, cuya ruta hacia la Tierra Prometida fue más circundante que directa. Nosotros estamos equipados con un mapa impecable, pero como orgullosos esposos, odiamos admitir que no siempre somos capaces de descifrarlo, y además, rehusamos preguntar por instrucciones cuando perdemos nuestra orientación.

Nosotros somos buscadores —buscadores de Dios. Podemos colocar en nuestro vehículo una audaz calcomanía proclamando: "Lo encontré", pero lo que hemos encontrado no es nuestro destino final. Al encontrar a Cristo hemos encontrado el camino hacia nuestro destino final, pero todavía queda, por delante, mucho camino por recorrer. Nosotros continuamos siendo buscadores habiendo encontrado a nuestro Señor, pues esto es solamente el comienzo de nuestra verdadera búsqueda.

Ningún incrédulo jamás busca a Dios. La Biblia afirma que ninguno busca a Dios (Romanos 3:11). La teología popular, sin embargo, tiende a disputar esta clara enseñanza bíblica. La jerga cristiana está repleta de expresiones tales como: "él no es cristiano, pero está buscando a Dios". Tales expresiones contradicen rotundamente la Palabra de Dios. Ningún pagano jamás ha buscado a Dios.

Sin embargo, desde nuestra aventajada posición, a menudo, nos parece que la gente no regenerada en realidad está buscando a Dios. Pero Dios no está escondido. Él se encuentra a plena vista. Su creación clara y manifiesta despliega su gloria. El hombre caído, por naturaleza, no es buscador de Dios. Nosotros somos fugitivos de Dios, completamente inclinados a escaparnos de Él. ¿Por qué entonces, pensamos que los incrédulos están buscando a Dios?

Santo Tomás de Aquino ofreció una respuesta convincente a esta pregunta. Él declaró que los incrédulos buscan desesperadamente la felicidad, la paz mental, el significado y sentido de la vida, alivio de la culpa, y un montón de otras cosas semejantes que nosotros indiscriminadamente las relacionamos con Dios. Nosotros gratuitamente asumimos que, porque la gente está buscando cosas que sólo Dios las puede proveer, ellos están, por lo tanto, buscando a Dios. Todo lo contrario, la gente quiere los beneficios de Dios, mientras que con sus acciones en todo momento se alejan de Dios mismo.

El dilema es similar a otro fenómeno humano. Pocos, si es que alguno, escogerían deliberadamente ir al infierno. La residencia permanente allí no es un deseo natural. Nosotros no deseamos el infierno, pero deseamos el mal. El problema está en que el infierno es la consecuencia asignada para los malos. Nosotros deseamos el mal sin el infierno, y el cielo sin Dios. Este es la equivocación esencial de los que andan sin rumbo. El que sigue el mal está en camino al infierno. El que busca a Dios está en camino hacia el cielo.

La tarea del cristiano es buscar a Dios. La búsqueda *comienza* en el momento de la conversión; no termina ahí. Una vez que lo hayamos encontrado (o más bien que Él nos haya encontrado a nosotros), comienza la búsqueda verdadera. Nosotros decimos "yo lo encontré", pero Él nos encontró, y ahora nos invita a que le busquemos hasta tanto hayamos atravesado el velo hacia el cielo mismo.

Quizás mejor que cualquier otro, John Bunyan expresó la búsqueda de Dios que marca la vida del cristiano. "El Progreso del Peregrino" es la historia alegórica de un hombre quien, en un sueño, se encuentra a un personaje llamado Evangelista que le pregunta al desanimado héroe por qué está llorando. Su contestación es conmovedora:

> Señor, yo percibo por el Libro en mi mano, que estoy condenado a muerte, y después de eso comparecer ante el juicio; y encuentro que no estoy deseando lo primero, ni soy capaz de afrontar lo segundo.[1]

El héroe sufre de dos problemas. El primero es una falta de voluntad. Él no está dispuesto a morir. Como en la obra "Hamlet" de Shakespeare, él preferiría soportar esos males que tenía antes de buscar otros que no conociera. Es como el dilema expresado en la canción "Ole Man River", donde dice que él está "cansado de vivir, pero tiene miedo de morir".

El segundo problema es el de la inhabilidad. Él carece de la habilidad para enfrentarse al juicio de Dios. La expresión es elíptica. Lo que es tácitamente asumido, no es la habilidad para comparecer ante el juicio —eso es inevitable— sino sobrevivir al juicio de Dios. Él manifiesta su miedo al decir:

> Yo tengo miedo que esta Carga que está sobre mi espalda, me hunda más abajo de la tumba.[2]

El lugar "más abajo de la tumba" es el abismo del infierno. Tal como una caña de pescar con un pequeño plomo atado en la punta para que se hunda en las profundidades del lago, la persona aplastada por un gran peso de pecado se hundirá en las profundidades del infierno.

El "cristiano", el héroe de la historia de Bunyan, huye de la ira que vendrá, y fija su rostro hacia la Luz y la Puerta Angosta en búsqueda de una herencia que es incorruptible, inmaculada, y la cual no se desvanece.

Sin embargo, su camino hacia la gloria está sembrado de obstáculos. Los amigos, llamados "Obstinado" y "Plegable", se burlan de él y tratan de disuadirlo de su misión. Durante su peregrinaje, él se encuentra con el pantano del "Desaliento temprano", y cae en el mismo. Un hombre, llamado "Ayuda", lo rescata de su aprieto y dice:

ESTE PROFUNDO PANTANO ES UN LUGAR TAL, QUE NO PUEDE SER REPARADO. EL MISMO ES EL DESCENSO POR DONDE LA ESCORIA Y LA PUDRICIÓN, QUE ACOMPAÑAN A LA "CONVICCIÓN DE PECADO", CAEN CONTINUAMENTE, Y POR LO TANTO, ES LLAMADO EL PANTANO DEL "DESALIENTO"; YA QUE TODAVÍA, MIENTRAS EL "PECADOR" DESPIERTA A SU CONDICIÓN DE PERDIDO, SE LEVANTAN EN SU ALMA MUCHOS TEMORES, DUDAS Y APRENSIONES, LAS CUALES SE JUNTAN Y SE ACUMULAN EN ESTE LUGAR: ÉSTA ES LA RAZÓN DE LO MALO DE ESTE LUGAR.[3]

¿Qué cristiano no ha visitado alguna vez el Pantano del Desaliento? ¿Quién nunca ha tratado de evitarlo por completo? Todas nuestras almas han sido asediadas por las dudas, temores, y desalientos. No fue por accidente que la más frecuente amonestación de los labios de Jesús en el Nuevo Testamento, es la exhortación a que "no temamos". Todo el consejo del "Sabio Señor Terrenal" de este siglo, no nos puede llevar más allá del Pantano. Para esto se necesita la seguridad completa de nuestra salvación, y así lograr atravesarlo a salvo.

LA SEGURIDAD DE LA SALVACIÓN

Quizás nada sea tan importante para acelerarnos en el camino hacia la madurez cristiana, como una sana y sólida seguridad de la salvación. Cuando nos sentimos inseguros acerca de nuestra condición en el reino, somos vulnerables a cada dardo encendido de Satanás. Nosotros somos como espigas sacudidas por el viento. Nos tornamos como corchos en el mar, flotando de un lado a otro cada vez que cambia la marea.

La estabilidad es la marca del cristiano maduro. Tal estabilidad no es posible, sin embargo, si el cimiento del creyente en sí mismo no es sólido. Las casas estables están edificadas sobre cimientos firmes. El salmista pregunta:

> *Si fueren destruidos los fundamentos,*
> *¿Qué ha de hacer el justo?*

Salmo 11:3

Jesús nos advierte de los peligros de un cimiento defectuoso en su parábola de la casa edificada sobre una roca:

> *Todo aquel que viene a mí, y oye mis palabras y las hace, os indicaré a quién es semejante. Semejante es al hombre que al edificar una casa, cavó y ahondó y puso el fundamento sobre la roca; y cuando vino una inundación, el río dio con ímpetu contra aquella casa, pero no la pudo mover, porque estaba fundada sobre la roca. Mas el que oyó y no hizo, semejante es al hombre que edificó su casa sobre tierra, sin fundamento; contra la cual el río dio con ímpetu, y luego cayó, y fue grande la ruina de aquella casa.*

Lucas 6:47-48

El oír esta parábola hace que yo me pregunte si Jesús estaba pensando en el contraste entre los dos primeros reyes de Israel, Saúl y David. Saúl fue modelo de inestabilidad. Cuando Saúl y su reino cayeron y él murió en ignominia, David cantó un agudo lamento:

¡Ha perecido la gloria de Israel sobre tus alturas! ¡Cómo han caído los valientes! No lo anunciéis en Gat, Ni deis las nuevas en las plazas de Ascalón; para que no se alegren las hijas de los filisteos, para que no salten de gozo las hijas de los incircuncisos .... ¡Cómo han caído los valientes en medio de la batalla! ¡Jonatán, muerto en tus alturas! .... ¡Cómo han caído los valientes, han perecido las armas de guerra!

2 Samuel 1:19-20,25,27

Por contraste, a pesar de la horrible caída en pecado con Betsabé, David reflejó el hombre del Salmo 1:

Bienaventurado el varón que no anduvo en consejo de malos, ni estuvo en camino de pecadores, ni en silla de escarnecedores se ha sentado; sino que en la ley de Jehová está su delicia, y en su ley medita de día y de noche. Será como árbol plantado junto a corrientes de aguas, que da su fruto en su tiempo, y su hoja no cae; y todo lo que hace, prosperará. No así los malos, que son como el tamo que arrebata el viento.

Salmo 1:1-4

En la parábola de la casa construida sobre la roca, hay dos comparaciones con el Salmo 1. La primera tiene que ver con *oír*. La persona cuya casa es construida sobre el sólido cimiento de la roca, es la que "oye mis palabras, y las hace".

G. C. Berkoweur, uno de mis profesores de la universidad, una vez, fue honrado por una importante publicación académica, compuesta por una serie de ensayos escritos por notables eruditos, en celebración de algunos destacados eventos en la carrera magisterial. Lo que me sorprendió a mí, acerca de esta publicación honrando a Berkoweur, no fue tanto el contenido de los ensayos mismos, sino el título del volumen:

Ex Auditu Verbi. En inglés el título significa: Fuera de oír la Palabra.

Es por el oír (y el hacer) de la Palabra que el cimiento estable es edificado. De la misma manera, el salmista habla de un hombre que no camina en consejos de malos ni oye el consejo del "Sabio Señor Terrenal", sino que se deleita en la Ley del Señor.

La segunda similitud entre la parábola y el salmo 1, es la *profundidad* que ambas acentúan. Jesús habló de un hombre el cual cavó profundo. Su cimiento estuvo bien por debajo de la superficie. Es por profundizar en la Palabra, que nosotros establecemos el firme cimiento de la seguridad. El salmista describe al hombre que medita en la Ley día y noche. Nuevamente, ésta no es una lectura superficial de la Palabra, sino un serio, sincero, y persistente estudio de la Palabra de Dios.

La persona quien cava profundamente, quien medita día y noche, se asemeja a un árbol plantado junto a corrientes de aguas. Sus raíces penetran profundamente; tan profundo, que el árbol se nutre lo suficiente para llevar frutos en el tiempo apropiado, siendo capaz de sobrevivir los vientos áridos y severos del desierto. Su hoja nunca se marchita bajo el aire abrasador. Pueden resistir las ráfagas de viento, porque sus raíces alcanzan las profundidades del agua.

El agua que nuestras almas necesitan para sobrevivir, es la seguridad de la salvación. Esta seguridad no siempre viene inmediatamente en el momento de la conversión. En efecto, en algunos casos la misma puede permanecer elusiva. Sin embargo, el obtener completa seguridad no es un privilegio espiritual para el cristiano, esto es además un deber:

> *Por lo cual, hermanos, tanto más procurad hacer firme vuestra vocación y elección; porque haciendo estas cosas, no caeréis jamás.*

2 Pedro 1:10

Este mandamiento divino está puesto en un contexto de exhortación para llevar virtud y fruto espiritual. Examinemos el contexto más ampliamente:

Como todas las cosas que pertenecen a la vida y a la piedad nos han sido dadas por su divino poder, mediante el conocimiento de aquel que nos llamó por su gloria y excelencia, por medio de las cuales nos ha dado preciosas y grandísimas promesas, para que por ellas llegaseis a ser participantes de la naturaleza divina, habiendo huido de la corrupción que hay en el mundo a causa de la concupiscencia; vosotros también, poniendo toda diligencia por esto mismo, añadid a vuestra fe virtud; a la virtud, conocimiento; al conocimiento, dominio propio; al dominio propio, paciencia; a la paciencia, piedad; a la piedad, afecto fraternal; y al afecto fraternal, amor. Porque si estas cosas están en vosotros, y abundan, no os dejarán estar ociosos ni sin fruto en cuanto al conocimiento de nuestro Señor Jesucristo. Pero el que no tiene estas cosas tiene la vista muy corta; es ciego, habiendo olvidado la purificación de sus antiguos pecados.

2 Pedro 1:3-9

La lista del apóstol Pedro del fruto del Espíritu, corresponde notablemente a la lista provista por el apóstol Pablo en el libro de Gálatas. El énfasis es sobre la manifestación de las virtudes asociadas con la santidad. Pedro habla de "la excelsa gracia y preciosas promesas". Estas promesas fueron dadas con un propósito específico: que nosotros seamos participantes del Espíritu y que llevemos su fruto.

La clave se encuentra en el versículo 10, el cual promete que si nosotros somos diligentes en hacer firme nuestro llamamiento y elección, no caeremos jamás.

La adquisición de una certera y sana seguridad de nuestra salvación, es vital al desarrollo completo de la virtud espiritual.

Yo uso la frase *sana seguridad* a causa del peligro de una seguridad falsa, o "enfermiza". Como veremos, la seguridad falsa es un error mortal que algunos comenten.

La dificultad en obtener la seguridad de la salvación es que es posible estar perdido y sin embargo estar completamente seguro de ser salvo. Ya que ambas cosas son posibles, ser salvo y estar seguro de la salvación, y estar perdido y estar seguro de que somos salvos, ¿cómo podríamos saber en qué categoría estamos realmente? ¿Cómo podríamos distinguir propiamente entre la falsa y la genuina seguridad?

LA FALSA SEGURIDAD DE SALVACIÓN

La falsa seguridad de la salvación está usualmente basada sobre uno de dos errores fatales. El primero, es un falso entendimiento de las condiciones, o exigencias, de la salvación misma. El segundo, es una falsa evaluación para saber si hemos llenado los verdaderos requisitos. El primero, es un análisis erróneo de la salvación; el segundo, es un análisis erróneo de nosotros mismos.

Falsas ideas de la salvación

Las falsas ideas de la salvación abundan. Por ejemplo, el universalismo enseña que Cristo aseguró la salvación para toda la humanidad. Si en efecto, todo los seres humanos fuesen salvos, sería un paso lógico concluir en que todo lo que debemos asegurarnos, es ser miembros de la raza humana.

Una segunda idea falsa de la salvación está basada sobre la doctrina de la justificación por las obras. De acuerdo con esta doctrina, la cual es un poquito más sutil que la doctrina del universalismo, la gente asume que si viven una buena vida, o por lo menos una "suficientemente buena" vida, serán salvos.

Esta idea contiene un doble error. El primer error es que niega la doctrina de la justificación por la fe sola. Esto elimina la fe como una necesidad única para la justificación o mezcla las obras con la fe como el fundamento para la salvación.

El segundo error contenido en esta idea, es el de la evaluación de uno mismo. Este asume que las obras de una persona son, verdadera o suficientemente buenas para satisfacer las demandas de la justicia de Dios. Pero la Palabra de Dios exige perfección, la cual ningún ser humano, sin la ayuda de Cristo, puede lograr. Es porque Jesús fue sin pecado y nosotros pecadores, porque Él fue perfectamente obediente y nosotros perfectamente desobedientes, que debemos recibir por la fe su justicia, su mérito, para obtener la salvación.

La tercera idea falsa de la salvación está estrechamente conectada con la segunda. Ésta asume la salvación por virtud de ser miembros de una iglesia —que aquellos bautizados e inscriptos en una iglesia pueden asumir que están en un estado de salvación. Esto presupone que la mera profesión de fe es suficiente para la salvación e ignoran las enseñanzas de Cristo, de que la iglesia visible contiene cizaña entre el trigo, y cabritos entre las verdaderas ovejas. Jesús reconoció el hecho de que la gente es capaz de rendirle honores con sus labios, mientras que sus corazones están lejos de Él.

La cuarta idea asume que el único requisito para la salvación es ser "religioso". Si una persona se adhiere a alguna religión, cualquiera sea, se supone que esa persona es salva. Esto niega el papel exclusivo de Cristo como el único camino a la salvación, el único nombre debajo del cielo por el cual nosotros podemos ser salvos. La Biblia es clara en este punto, que las religiones paganas o idólatras son repugnantes para Dios. Ser celoso, por ejemplo en el culto a Baal, era magnificar la culpabilidad de uno ante Dios, no minimizarla en modo alguno.

Autoanálisis erróneo

El segundo error fatal que da una falsa seguridad de la salvación, es un defectuoso autoanálisis. Si nosotros entendemos el camino de la salvación y tenemos un sano entendimiento de la justificación sólo por fe, aun podemos engañarnos a nosotros mismos en relación, a la pregunta sobre si actualmente tenemos una fe salvadora.

¿Cómo podremos saber si tenemos una fe auténtica? Hay dos pruebas básicas para determinar la fe genuina. La primera consiste en un análisis de nuestra propia disposición interna. Una persona regenerada ha recibido la operación interna del Espíritu Santo, por la cual la inclinación del alma ha sido cambiada. El corazón regenerado tiene un amor y deseo por Cristo que no se encuentra entre los incrédulos.

¿Cómo sabemos si tenemos ese amor y deseo por Cristo? Puede que nosotros nos engañemos a nosotros mismos pensando que amamos a Cristo, cuando en realidad lo que amamos es a un falso ídolo construido por nosotros mismos. Existen numerosos falsos retratos de Cristo. El anticristo tiene este nombre no sólo porque él se *opone* a Cristo, sino porque él trata de funcionar como un *sustituto* del mismo Cristo. Él es un astuto falsificador que tiene el propósito de engañar a la gente.

Dada la inclinación humana hacia la idolatría, debemos preguntarnos a nosotros mismos: ¿Es el Cristo de la *Biblia* a quién nosotros amamos? ¿Amamos al Dios de la *Biblia*? Es fácil decir que amamos a Dios pero al mismo tiempo ignorar su santidad, su ira, su justicia, y su soberanía. Si la revelación bíblica del carácter de Dios (dado que nosotros tenemos un sano entendimiento del mismo) nos hace retroceder, esto indica que el verdadero Dios no es en realidad, el objeto de nuestro amor.

Una de las luchas del verdadero cristiano se encuentra precisamente en este punto del análisis subjetivo. Cuando nosotros pecamos nos tornamos vulnerables a las acusaciones de Satanás. Él sabe muy bien que atacar nuestra seguridad equivale a amenazarnos con una parálisis espiritual. Cuando nosotros pecamos Satanás nos estimula a que nos preguntemos a nosotros mismos: *¿Cómo, en realidad, podría amar a*

Cristo si hago esto? La contestación, por supuesto, podría ser que en realidad no amamos a Cristo, en cuyo caso y como consecuencia lógica, carecemos de fe salvadora. Por otro lado, una persona puede tener fe salvadora y no amar a Cristo en su perfección. La pregunta entonces, se convierte en: ¿Amo a Cristo en alguna forma? Para amar al Cristo bíblico de alguna forma, la persona tiene que haber sido regenerada. Para saber esto, yo debo conocer al Cristo bíblico. Si la fe viene por el oír, esto es, el oír de la Palabra de Dios, de la misma forma la seguridad de la salvación viene por el oír de la Palabra de Dios. Mientras yo medito en las Escrituras mi seguridad se vigoriza.

Además de la pregunta sobre la disposición del corazón, debemos cuestionarnos la presencia o ausencia del fruto de la fe. Nuevamente, esto no es una cuestión de saber si nuestro fruto es perfecto, sino si hay tan siquiera algún fruto. La falta total de fruto significa ausencia de fe. Algún fruto significa alguna fe. La Biblia nos dice que nosotros los conoceremos por sus frutos.

El fruto que nosotros estamos buscando es el fruto de la obediencia. Jesús enseñó que nosotros mostramos nuestro amor para con Él guardando sus mandamientos:

> *El que tiene mis mandamientos, y los guarda, ése es el que me ama; y el que me ama, será amado por mi Padre, y yo le amaré, y me manifestaré a él ... El que me ama, mi palabra guardará; y mi Padre le amará, y vendremos a él, y haremos morada con él. El que no me ama, no guarda mis palabras; y la palabra que habéis oído no es mía, sino del Padre que me envió.*

Juan 14:21, 23-24.

Aquí es dónde las obras tienen lugar dentro de la vida del creyente. Nosotros no somos justificados por nuestras obras sino que somos justificados para buenas obras. La evidencia indispensable del verdadero fruto es la presencia de buenas obras. Las obras no le añaden nada al mérito de Cristo, por sus méritos es que somos justificados. Sin embargo, la fe inevitable y necesariamente produce obras o, de lo contrario, no es fe salvadora.

Este es el punto resaltado por el apóstol Santiago, quién hizo la crucial pregunta:

Hermanos míos, ¿de qué aprovechará si alguno dice que tiene fe, y no tiene obras? ¿Podrá la fe salvarle?

Santiago 2:14

La contestación obvia de Santiago es que tal "fe" no es fe salvadora. Ésta es fe muerta, una fe espuria. Santiago emite un reto:

Pero alguno dirá: Tú tienes fe, y yo tengo obras. Muéstrame tu fe sin tus obras, y yo te mostraré mi fe por mis obras.

Santiago 2:18

La fe es *demostrada* por obras. Si no se muestran obras, la fe salvadora está ausente. Para tener la seguridad de la salvación, necesitamos evidencia objetiva del fruto en nuestras vidas. Una persona regenerada es una persona cambiada. Dos cambios vitales han ocurrido. El primer cambio es la disposición del alma afectada por el Espíritu Santo. El segundo cambio es la morada o residencia del Espíritu Santo en la persona.

Si una persona pasa por estos dos cambios —regeneración y habitación continua de Cristo en el alma— es simplemente imposible que no haya cambio positivo en la vida. Este es un cambio de raíz, tan radical que el mismo es llamado una nueva creación. El cambio en las raíces produce cambio en el fruto.

Quizás la más aterradora advertencia que Jesús jamás haya dado con relación a los peligros de la falsa profesión de fe, se encuentra en la conclusión del Sermón del Monte:

No todo el que me dice: Señor, Señor, entrará en el reino de los cielos, sino el que hace la voluntad de mi Padre que está en los cielos. Muchos me dirán en aquel día: Señor, Señor, ¿no profetizamos en tu nombre, y en tu nombre echamos fuera demonios, y en tu nombre hicimos muchos milagros? Y entonces les declararé: Nunca os conocí; apartaos de mí, hacedores de maldad.

Mateo 7:21-23

Jesús hizo uso de una forma literaria que es rara en las Escrituras y, consecuentemente, fácil de pasar por alto. Él describió dos veces a una persona que vino a Él y se dirigió a Él repitiendo el título Señor. La persona no solamente dijo: "Señor, no he yo ..." Él dijo: "Señor, Señor".

¿Por qué el repetido uso del término Señor? Para entender la gran importancia de esta repetición, haremos una breve reseña a través de la Escritura. El uso de repetición al dirigirse a otra persona ocurre quince veces aproximadamente, ciertamente menos de veinte veces, en toda la Escritura. A continuación siguen algunos ejemplos.

Cuando Abraham fue puesto a prueba por Dios y enviado al Monte Moriah para ofrecer a su hijo Isaac en sacrificio a Dios sobre un altar de piedras, él fue interrumpido en el último segundo por el ángel del Señor. El ángel lo llamó desde el cielo:

Entonces el ángel de Jehová le dio voces desde el cielo, y dijo: Abraham, Abraham. Y él respondió: Heme aquí Y dijo: No extiendas tu mano sobre el muchacho, ni le hagas nada; porque ya conozco que temes a Dios, por cuanto no me rehusaste tu hijo, tu único.

Génesis 22:11-12

Cuando Jacob, avanzado en años, tenía miedo de mudarse a Egipto, Dios le habló en una visión de noche:

Y habló Dios a Israel en visiones de noche, y dijo: Jacob, Jacob. Y él respondió: Heme aquí. Y dijo: Yo soy Dios, el Dios de tu padre; no temas de descender a Egipto, porque allí yo haré de ti una gran nación.

Génesis 46:2-3

Cuando Moisés estaba viviendo en el exilio, en la tierra de los madianitas, Dios le habló desde una zarza ardiendo:

Entonces Moisés dijo: Iré yo ahora y veré esta grande visión, por qué causa la zarza no se quema. Viendo Jehová que él iba a ver, lo llamó Dios de en medio de la zarza, y dijo: ¡Moisés, Moisés! Y él respondió: Heme aquí. Y dijo: No te acerques; quita tu calzado de tus pies, porque el lugar en que tú estás, tierra santa es.

Éxodo 3:3-5

Hacia el fin del período de los jueces, cuando el niño Samuel ministraba al sacerdote Elí en el santuario, Dios le habló por la noche:

Y vino Jehová y se paró, y llamó como las otras veces: ¡Samuel, Samuel! Entonces Samuel dijo: Habla, porque tu siervo oye.

1 Samuel 3:10

Lo que parece quizás la hora más negra de la vida del rey David, fue cuando recibió la noticia de la muerte de su hijo, Absalón, y él emitió este agudo lamento:

Mas el rey, cubierto el rostro, clamaba en alta voz: ¡Hijo mío Absalón, Absalón, hijo mío, hijo mío!

2 Samuel 19:4

Más tarde, en la era profética, cuando Elías llegó al final de su vida terrenal, él fue acompañado por su discípulo, Eliseo, hasta el lugar de su translación sobrenatural al cielo. Al observar que Elías se iba en un carro de fuego, Eliseo gritó:

Viéndolo Eliseo, clamaba: ¡Padre mío, padre mío, carro de Israel y su gente de a caballo! Y nunca más le vio; y tomando sus vestidos, los rompió en dos partes.

2 Reyes 2:12

Esta extraña forma de discurso duplicado, es también encontrado en el Nuevo Testamento. Cuando Jesús visitó el hogar de María y Marta en Betania y Marta se quejó acerca de sus tareas, Jesús le dijo a ella:

Respondiendo Jesús, le dijo: Marta, Marta, afanada y turbada estás con muchas cosas. Pero sólo una cosa es necesaria; y María ha escogido la buena parte, la cual no le será quitada.

Lucas 10:41-42

De la misma manera, cuando Jesús reprendió a Pedro, le dijo:

Dijo también el Señor: Simón, Simón, he aquí Satanás os ha pedido para zarandearos como a trigo; pero yo he rogado por ti, que tu fe no falte; y tú, una vez vuelto, confirma a tus hermanos.

Lucas 22:31-32

El lamento de Jesús sobre Jerusalén asumió la misma forma:

¡Jerusalén, Jerusalén, que matas a los profetas, y apedreas a los que te son enviados! ¡Cuántas veces quise juntar a tus hijos, como la gallina a sus polluelos debajo de sus alas, y no quisiste!

Lucas 13:34

En medio de su agonía en la cruz, Jesús gritó al Padre:

Cerca de la hora novena, Jesús clamó a gran voz, diciendo: Elí, Elí, ¿lama sabactani? Esto es: Dios mío, Dios mío, ¿por qué me has desamparado?

Mateo 27:46

Finalmente, cuando Saulo de Tarso fue convertido en el camino a Damasco, él fue confrontado por una voz del cielo llamándolo:

Saulo, Saulo, ¿por qué me persigues? Él dijo: ¿Quién eres, Señor? Y le dijo: Yo soy Jesús, a quien tú persigues; dura cosa te es dar coces contra el aguijón.

Hechos 9:4-5

Esta reseña en miniatura revela un claro patrón. En general la presencia de repetición en la literatura hebrea es una señal de énfasis. Cuando la repetición involucra el dirigirse a alguien personalmente, ésta indica una forma de intimidad personal.

Cuando Jesús advirtió que algunas personas que lo llamaban "Señor, Señor", no entrarían en el cielo, Él estaba implicando que podían ser personas que creían que tenían una íntima relación con Cristo. La advertencia es tanto más alarmante por lo que Él dijo, que habría "muchos" quienes se allegarían a Él de esta manera. En efecto, la reclamación de ellos será insistente. Apelarán a sus obras como evidencia de su auténtica relación personal con Cristo. En ellos estarán incluidos predicadores, exorcistas, y muchos que señalarán sus "buenas obras".

Sin embargo, a pesar de sus protestas, se les dirá apartaos de mí. Ellos oirán las más terribles palabras que jamás ha escuchado oído humano de los labios de Jesús. Él les dirá: "Apartaos de mí" y entonces declarará que Él *nunca* conoció a esta gente.

Estos no eran personas que una vez tuvieron una verdadera intimidad con Cristo y después se apartaron de Él. Ellos nunca le pertenecieron, y nunca estuvieron en un estado de gracia.

¿Por qué estos falsos creyentes son echados en el día final? Porque ellos son obradores de iniquidad. Otras traducciones dicen que son *ilegales*.

El punto que Jesús hace en su solemne advertencia es tan simple como aterradora. No es la persona que profesa fe la que es salva, sino aquella que hace la voluntad del Padre.

Las obras que son evidencia de la fe verdadera no son meramente actividades de la iglesia o el ministerio; estas son obras de obediencia. Nosotros podemos estar involucrados en la iglesia o en actividades religiosas por cualquier clase de motivos. Tales obras, aun cuando Dios haga buen uso de ellas, no le agradan. Lo que le agrada a Él es un espíritu genuino de obediencia, el cual es el fruto de la fe genuina.

EL TESTIMONIO DEL ESPÍRITU

La prueba final para la auténtica seguridad de la salvación es la presencia interna y el testimonio del Espíritu Santo. El apóstol Pablo escribe:

Pues no habéis recibido el espíritu de esclavitud para estar otra vez en temor, sino que habéis recibido el espíritu de adopción, por el cual clamamos: ¡Abba, Padre! El Espíritu mismo da testimonio a nuestro espíritu, de que somos hijos de Dios.

Romanos 8:15-16

Aquí el alma hambrienta encuentra alimento y la cansada un lugar de descanso. Es el Santo Espíritu mismo el que provee nuestra seguridad final por la cual nosotros llamamos a Dios "Padre" con confianza. Esta seguridad viene con la Palabra y a través de la Palabra.

Una vez que estamos seguros que Él nos conoce y que nosotros somos verdaderamente suyos, estamos equipados para continuar nuestro peregrinaje sin temor de una parálisis o caída final. Nuestro destino está a la vista, y nuestra meta final es alcanzable.

11

EL DESTINO FINAL
DEL ALMA

*L*A SUERTE DE LA HUMANIDAD ES ESTAR POR siempre ocupada en la persecución de la felicidad. Los americanos perciben esta búsqueda no solamente como un derecho constitucional, sino como un derecho inalienable dado por la divina providencia. El gobierno puede garantizar por ley el derecho a la aspiración de la felicidad, pero ningún gobierno puede garantizar la *obtención* de esa felicidad.

La felicidad es evasiva. El gustar la felicidad es una cosa, mantenerla a nuestro alcance, es otra. Nuestros momentos más felices en este mundo son, en el mejor de los casos, escurridizos. A menudo son agridulces, y raras veces llenan nuestras esperanzas, estando siempre acompañados de la amenaza de la pérdida.

Las competencias atléticas son un ejemplo de nuestra búsqueda por el triunfo. En cada competencia hay un ganador y un perdedor. El perdedor sufre desánimo mientras que el ganador experimenta júbilo, pero solamente hasta el comienzo de un nuevo juego o de una temporada, teniendo que volver a la línea del comienzo para empezar de nuevo la búsqueda del triunfo. El profesional en el juego de golf que logra el sueño de su vida de ganar la Copa *U.S. Open* es acosado por los periodistas en la ceremonia de la entrega de los premios preguntándole: "¿Cómo cree usted que le irá en el *British Open*? Mario Lemieux, alzando La Copa Stanley, patinó alrededor de la pista de hielo la vuelta de la victoria, solamente para encarar una nueva fase de patinaje sobre hielo plagada de paralizantes preguntas. Mike Tyson, el boxeador más joven en ganar el campeonato de los pesos pesados, pasó de ganador a perdedor, cuando fue hallado culpable de la violación de una mujer y sentenciado a prisión.

Lo que nosotros queremos no es felicidad temporal, ansiamos una felicidad permanente. Tal es la búsqueda del alma, el destino por el cual fuimos creados.

La palabra *felicidad*, en sí misma se ha confundido al ser asociada con otras confusas emociones. ¿Qué es felicidad exactamente? ¿Es la felicidad, en parte contentamiento, en otra parte placer, y en una tercera parte un gozo exquisito? ¿Es una sensación, un sentimiento, un pensamiento, o un estado de la mente? Frases tales como, "la felicidad es como un suave osito de peluche", abaratan y vulgarizan el verdadero significado de la felicidad.

La palabra bíblica que captura y cristaliza la idea de felicidad, es *bienaventuranza*. Ésta incluye una satisfacción entera, que toca el alma, la mente, la voluntad y de hecho, la personalidad entera. Lo que nosotros buscamos es la beatitud.

La bienaventuranza nunca es un logro. Nosotros no la podemos ganar, ni tampoco la podemos manipular. Ella es el fruto de la gracia divina, un regalo que solamente Dios mismo puede otorgarnos. Aunque nosotros tenemos la capacidad de recibirlo, no tenemos el poder para producirlo. Aunque nosotros estemos activos en su búsqueda, somos pasivos en su recepción. La Bienaventuranza es algo que Dios hace *por* nosotros, *a* nosotros, y *en* nosotros.

La bienaventuranza es un asunto de grados. Ésta alcanza su apogeo en la terminación final de Dios con nuestra santificación, a la cual la Biblia llama glorificación.

El final de la santificación es la glorificación:

Y a los que predestinó, a éstos también llamó; y a los que llamó, a éstos también justificó; y a los que justificó, a éstos también glorificó.

Romanos 8:30

Aquí, el apóstol Pablo establece "La cadena de oro", como el orden de la salvación (*ordo salutis*). El último eslabón de la cadena es la glorificación, lo cual es la consumación de nuestra santificación, el destino ulterior de nuestra predestinación, el clímax de la coronación a nuestra justificación.

La meta de la gloria fue establecida por Dios en la eternidad. Él nos ha nombrado para este fin desde la fundación del mundo. Pablo declara:

Y para hacer notorias las riquezas de su gloria, las mostró para con los vasos de misericordia que él preparó de antemano para gloria...

Romanos 9:23

El cristiano es un vaso de misericordia, un recipiente lleno de la gracia divina. Hay un propósito ulterior en el plan de Dios para nosotros. A nosotros se nos está preparando para algo. La preparación se está haciendo para asegurar que el producto quede terminado. En este caso, el propósito de esa preparación es la gloria. La gloria es el toque final de terminación, el punto donde todas las preparaciones convergen en nuestro estado final.

El principal aspecto de esa gloria final es la beatífica visión del alma. El término teológico para esto es *visio dei*, la visión del alma de Dios.

La visión beatífica del alma se nos prometió inicialmente por Cristo en el Sermón del Monte:

Bienaventurados los de limpio corazón, porque ellos verán a Dios.

Mateo 5:8

Cada una de las beatitudes incluye una categoría de gente caracterizada por una virtud específica, seguida de una divina promesa de recompensa. A aquellos que son pobres de espíritu se les promete el reino de los cielos. A aquellos que lloran se les promete consuelo. A aquellos que son misericordiosos se les promete a cambio misericordia.

La promesa de la visión beatífica es reservada para aquellos quienes son puros de corazón. Pero nadie en esta vida jamás logra perfecta pureza de corazón. La pureza de corazón en su manifestación perfecta es diferida hasta el cielo. De la misma manera nuestra felicidad perfecta es diferida.

La pureza de corazón es una faceta indispensable de la santidad. Ésta es un ingrediente necesario, un requisito para la visión de Dios. El autor de Hebreos escribe:

Seguid la paz con todos, y la santidad, sin la cual nadie verá al Señor.

Hebreos 12:14

La santidad es la que "sin la cual" será imposible ver al Señor.

En el presente Dios es invisible para nosotros. Este hecho quizás, más que ningún otro, molesta al cristiano. Anhelamos percibir el rostro de Dios. Ansiamos una relación cara a cara con Él. Por el momento, sin embargo, eso nos es vedado.

La maldición que Dios puso sobre Caín pasa en parte a toda la humanidad. Caín se lamentó de la perspectiva de su castigo:

Y dijo Caín a Jehová: Grande es mi castigo para ser soportado. He aquí me echas hoy de la tierra, y de tu presencia me esconderé, y seré errante y extranjero en la tierra; y sucederá que cualquiera que me hallare, me matará.

Génesis 4:13-14

En nuestra imposibilidad de percibir el rostro de Dios, llevamos la marca de Caín sobre nuestras frentes. Nosotros también somos vagabundos, fugitivos, y peregrinos. Se nos ha consignado a vivir al este del Edén. Somos exiliados del Paraíso, expatriados de nuestra tierra natal. Ansiamos volver a nuestra patria, besar la tierra del Edén y ver a nuestro Creador cara a cara mientras Él se mueve en la calma del jardín. Pero aunque el velo del templo se partió en dos por nosotros, y a través de Cristo tenemos acceso a la presencia de Dios, el ángel con la espada encendida todavía se mantiene en guardia a la entrada del Edén. Esa espada no será retirada hasta que logremos la entrada al mismo cielo.

La espada del ángel protege al paraíso de la entrada de humanos con corazones impuros. Ninguna persona con la más ligera impureza puede entrar a ese lugar. Nosotros somos intrusos en los suburbios del Edén. El Dios que mora en la luz es demasiado santo para aun mirar la iniquidad. Él nos mira a nosotros una vez que hayamos sido cubiertos por el manto de la justicia de Cristo, pero aun entonces, no retirará el velo de su propio rostro hasta tanto nosotros seamos glorificados.

Es difícil servir y adorar a un Dios que no se ve. Nosotros demostramos el adagio "fuera de la vista, fuera de la mente" por nuestra perezosa lucha. Sin embargo, hay una mixtura de bondad en esa falta de visibilidad. Aunque nosotros ansiamos verlo a Él, la visión misma, si ésta fuera posible, sería fatal para nosotros. Porque para una persona con un corazón impuro la contemplación de Dios sería como recibir la pena de muerte. Dios le declaró a Moisés:

> *Dijo más: No podrás ver mi rostro; porque no me verá hombre, y vivirá.*
>
> Éxodo 33:20

Esta advertencia le fue hecha a Moisés cuando él pidió ver la gloria de Dios. Si alguna vez hubo un santo en el Antiguo

195

Testamento que era digno de ver el rostro de Dios, éste fue Moisés. Moisés fue el mediador del Antiguo Pacto y a través de quién la Ley fue dada. Él pudo ser testigo de extraordinarias maravillas ejecutadas por la mano de Dios. Él oyó la voz de Dios hablándole desde la zarza que ardía, él vio las plagas caer sobre Egipto. Él vio la separación del Mar Rojo, y las columnas de nube y de fuego que guió a los hijos de Israel en el desierto.

Con todo, el corazón de Moisés permaneció impaciente. Él sinceramente buscó la visión beatífica. Aunque bien adentrado en el paso de la santificación, ansió el sabor final de la gloria y buscó la misma plenitud. Él rogó a Dios por la experiencia máxima:

> *El entonces dijo: Te ruego que me muestres tu gloria. Y le respondió: Yo haré pasar todo mi bien delante de tu rostro, y proclamaré el nombre de Jehová delante de ti; y tendré misericordia del que tendré misericordia, y seré clemente para con el que seré clemente.*

Éxodo 33:18-19

Dios le respondió a la petición de Moisés con un acto de condescendencia superlativa. Él se inclinó en su misericordia para permitir que Moisés viera aquello que a los mortales les es vedado. Él le permitió a Moisés una vislumbre, una vista trasera de su gloria:

> *Y dijo aún Jehová: He aquí un lugar junto a mí, y tú estarás sobre la peña; y cuando pase mi gloria, yo te pondré en una hendidura de la peña, y te cubriré con mi mano hasta que haya pasado. Después apartaré mi mano, y verás mis espaldas; mas no se verá mi rostro.*

Éxodo 33:21-23

Para que Moisés viera lo que vio, ciertas cosas tenían que suceder. Primero, tenía que pararse en un lugar junto a Dios.

Tenía que acercarse a Dios, estar lo suficientemente cerca como para captar una vislumbre de su gloria.

Segundo, él tenía que pararse sobre una roca. El pararse en el fango o sobre la arena no es un fundamento apropiado para percibir al Dios Viviente. No es accidental, que la roca es una frecuente imagen bíblica que representa a Cristo. Los que no están asidos de Él no tienen esperanza de ver a Dios jamás.

El tercer requisito fue que Moisés estuviese protegido en la grieta de la roca. Nuevamente, esta imagen sugiere que Cristo es nuestro refugio del penetrante y terrible ojo de Dios.

El cuarto y último requisito para vislumbrar la visión, fue que Moisés estuviera cubierto. En este caso, él fue cubierto por la mano de Dios. En nuestro caso, la desnudez de nuestras almas es cubierta por la expiación de Cristo.

Después, y solamente después, que estas provisiones fueron hechas, Dios desplegó su gloria ante Moisés. Aun con todo eso, fue un despliegue limitado de su gloria. Dios impidió a Moisés una vista frontal de su divina gloria. La visión de Moisés estuvo limitada a una vista trasera o, más literalmente, de "las espaldas" de Dios. Cuando todo fue dicho y hecho, a Moisés no le fue permitido ver el rostro de Dios.

Aunque en alguna otra parte la Biblia dice que Moisés habló con Dios "cara a cara", la expresión no denota un encuentro visual. El decir que él habló cara a cara con Dios sólo indica que Moisés gozaba de la relación privilegiada de intimidad y conversación con el mismo Dios. A él se le permitió una proximidad a la presencia divina como a muy pocos. Aunque él disfrutó de la postura o posición de una relación cara a cara, esto no incluyó una apreciación visual del rostro de Dios.

¿POR QUÉ DIOS ES INVISIBLE PARA NOSOTROS?

Cuando nosotros usamos el término *invisible*, estamos describiendo aquello que nuestros ojos físicos no pueden percibir.

Para que el ojo perciba los objetos, las condiciones de rigor deben estar presentes. Primero, no podemos ver nada sin la presencia de la luz. Nuestra visión es impotente en la oscuridad total. Segundo, para recibir una imagen visual de alguna cosa tiene que haber "un algo" que se pueda ver. Tal objeto tiene que tener propiedades físicas. Lo incorpóreo, o puro espíritu, no se puede ver con la vista.

Dios es incorpóreo, Él no tiene propiedades físicas (aunque es dueño de todo). A pesar de que la Biblia habla del "rostro" de Dios, el término es usado figurativa y antropomórficamente. El hablar del rostro de Dios es para describir a Dios en términos humanos. En realidad, Dios no tiene rostro. Él no tiene labios, nariz, cejas, frente, u orejas. Él no es un hombre. Él es el "inmortal, invisible, el único sabio Dios" (1 Timoteo 1:17).

Aun en el cielo, la visión de Dios no será experimentada con los ojos físicos. Cuando Cristo prometió que los puros de corazón verían a Dios, Él no se estaba refiriendo a la percepción física. Ningún nervio óptico es lo suficientemente potente como para capacitar a un ser humano, ni aun a un ser humano glorificado, para tener una percepción física del Dios invisible.

La primera razón por la cual Dios es invisible para nosotros, es entonces, que Él es intrínsecamente invisible. Cualquier despliegue visual de Dios es una *teofanía*, un término que se refiere a una manifestación visible del Dios invisible. En el Antiguo Testamento hubo varios de estos despliegues de su gloria: la zarza que ardía, la nube de gloria *Shekina*, y la columna de fuego, para nombrar sólo unos cuantos. Estas manifestaciones externas del carácter invisible de Dios fueron de hecho visibles a los ojos humanos. Estas representan un gran adelanto dentro de la esfera de lo invisible que fueron hechas posibles por la condescendencia de la gracia de Dios hacia los hombres.

Pero hay una segunda, quizás más importante razón por la cual Dios es invisible para nosotros, y ésta no tiene nada que ver con las limitaciones de la vista. Existen ciertos objetos materiales que están más allá de nuestro poder de visión normal. Con la ayuda de instrumentos técnicos sin embargo, nosotros somos capaces de ver cosas no visibles al ojo desnudo. El telescopio nos permite ver cosas tan distantes que sería imposible verlas sin la asistencia de ese instrumento. El microscopio nos permite observar cosas tan pequeñas que no se pueden ver a simple vista. En ambos casos la potencia natural de nuestra visión no es suficiente.

Sin embargo, aun si Dios estuviera lo suficientemente cerca, fuera lo suficientemente grande, y completamente físico en su naturaleza, todavía no estaríamos capacitados para verlo. Ningún telescopio es lo suficientemente poderoso para permitir verlo. Esto no es porque haya un límite o defecto en nuestros ojos. La deficiencia radica en nuestros corazones. Esto no es porque nuestros ojos no son lo suficientemente fuertes; esto se debe a que nuestros corazones no son lo suficientemente puros para "ver" a Dios.

La promesa, entonces, de la visión beatífica no es para aquellos con buena vista sino para aquellos con corazones puros. Solamente el puro de corazón es quien recibe la beatífica promesa:

> *Bienaventurado los de limpio corazón,*
> *porque ellos verán a Dios.*

Mateo 5:8

La promesa de Jesús en las bienaventuranzas es repetida y reforzada por el apóstol Juan:

> *Mirad cuál amor nos ha dado el Padre, para que seamos*
> *llamados hijos de Dios; por esto el mundo no nos conoce,*
> *porque no le conoció a él. Amados, ahora somos hijos de*

Dios, y aún no se ha manifestado lo que hemos de ser; pero sabemos que cuando él se manifieste, seremos semejantes a él, porque le veremos tal como él es. Y todo aquel que tiene esta esperanza en él, se purifica a sí mismo, así como él es puro.

1 Juan 3:1-3

Este extraordinario pasaje comienza con una nota de asombro apostólico que podría ser llamado el coro original: "Maravillosa Gracia". Él expresa completo asombro ante el increíble alcance del amor de Dios. El amor de Dios es tan expansivo, su misericordia tan profunda, que Él en realidad nos concede el indecible privilegio de ser considerados sus hijos. Ningún rey del mundo jamás consideraría como candidatos a adoptar dentro de la familia real, a rebeldes y traidores. Pero esto es precisamente lo que nuestro Padre celestial ha hecho. Él nos ha adoptado, quienes por naturaleza éramos sus rebeldes enemigos, para formar parte de su familia.

El apóstol Juan entonces se mueve de aquello que nosotros conocemos por seguro a lo que es inseguro y misterioso para él, y después vuelve otra vez a aquello que es seguro.

En el primer instante él declara lo que es inmediatamente seguro. "*Ahora* —él escribe—, somos los hijos de Dios". Esto es seguro. Entonces él añade a esta certidumbre lo que no es conocido acerca del futuro. "Aún no se ha manifestado lo que hemos de ser". Dios no nos ha dado un plano completo mostrando lo que nuestras vidas han de ser en el cielo. La Biblia nos ofrece algunas pistas acerca de nuestro estado futuro, pero todavía queda mucho que es desconocido y misterioso para nosotros.

A pesar de los misterios que prevalecen con relación a nuestro estado futuro, Juan apunta hacia dos aspectos del cielo que son seguros. Primero, seremos semejantes a Él. Segundo, le veremos como Él es. La pregunta que esto suscita es ¿a quién seremos semejantes? ¿Será nuestra futura forma o apariencia parecida a la del Padre o a la del Hijo? ¿Nos está hablando Juan de la apariencia de Cristo o de la del Padre?

La pregunta nos puede colocar en un falso dilema. Nosotros recordamos que Cristo es el "resplandor de su gloria, y la misma imagen de su sustancia" (Hebreos 1:3). El percibir la gloria de Cristo es percibir la gloria de Dios. Recordamos además, que mientras es necesario en nuestra Trinitaria fe distinguir entre las *personas* de la Trinidad Divina, la distinción personal no es una distinción *esencial*. Es real pero no esencial en el sentido de haber una real diferencia de personas, sino que las tres personas son una en esencia.

Sin embargo, cuando el Nuevo Testamento habla de su "apariencia", éste usualmente hace una referencia específica a la apariencia de Cristo. Además, la meta de nuestra santificación es conformarnos a la imagen de Cristo. Cuando Juan habla de ser "como Él", la asunción natural es que "Él" se refiere a Jesús.

Por otra parte, el Nuevo Testamento también nos llama a imitar a Dios el Padre, en nuestra santificación. A nosotros se nos dice que seamos santos porque Él es Santo. Más importante aún, cuando la palabra *Dios* aparece en la Escritura en un sentido no calificado y directo, casi siempre se refiere al Padre. En el mismo texto de Juan, Dios es el antecedente de la palabra "a él". Este apremiante punto me guía a concluir que Juan está hablando aquí de Dios el Padre, a quien nosotros seremos semejantes y a quien nosotros veremos cómo Él es.

Esta discusión pudiera tener varios matices, ya que ver la esencia de Cristo es ver la de Dios el Padre. Yo enfatizo este punto porque si Juan está hablando de Dios el Hijo, nosotros podríamos deducir en que el alcance completo de la visión beatifica será limitado a una vista sin velo del Jesús encarnado en su gloria celestial. Esa será seguramente una gloriosa experiencia, pero la misma no alcanzará para ver la misma esencia de la deidad. Esto probablemente iría más lejos de lo que los discípulos percibieron en la Transfiguración, pero todavía no sería suficiente para ver "el rostro de Dios".

Es costumbre de la iglesia ver en este texto una promesa de la visión de la misma esencia de Dios. Juan nos dice que nosotros le veremos a Él, tal como *Él es*.

El ver a Dios como Él es equivale a percibirlo en su pura y divina esencia. La Vulgata traduce este texto, *in se est*. Esto es, nosotros podremos percibir lo más íntimo del *ser* de Dios.

La pregunta final que encaramos con respecto a este texto concierne a la temporal y casual relación entre volvernos como Él y verlo como Él es. Juan dice que nosotros seremos como Él porque nosotros le veremos como Él es. El dilema es este: ¿Será la visión beatífica la causa de nuestra glorificación, o será nuestra final glorificación la *condición* para la visión beatífica?

Ya que la impureza de nuestros corazones es la que impide nuestra visión de Dios, parecería necesario que nuestros corazones sean purificados *antes* que nosotros podamos percibirlo como Él es. Recuerde la secuencia de las bienaventuranzas de Jesús: "Bienaventurados los de limpio corazón, porque ellos verán a Dios". Jesús no dijo: "Bienaventurados son aquellos quienes ven a Dios, porque serán hechos de puro corazón". Nosotros también recordamos las enseñanzas de Hebreos, que dice, que sin santidad nadie verá al Señor.

Superficialmente, por lo menos, parece bien claro que la glorificación precederá a la visión beatífica y servirá como la condición necesaria para su posibilidad.

Por otro lado, es posible leer las palabras de Juan de otro modo. Él pudiera significar que el acto conclusivo de la gracia por el cual se completará totalmente nuestra santificación, es la misma visión beatífica. Es decir, el efecto de verlo como Él es será tan dramático que esa experiencia misma removerá todo pecado residual de nuestras almas. Verlo a Él inundará de tal manera el alma humana con gloria, que esto expulsará todo vestigio de maldad.

Yo no estoy seguro de cuál de estas opciones es la correcta. Yo pienso que el peso de las Escrituras apunta hacia la anterior más que a la última, es decir, que primero Dios nos glorificará para que así podamos verlo como Él es.

Cuando nosotros hablamos de la secuencia de los actos de glorificación y de la visión beatífica, tenemos que recordar que eso puede que no sea necesariamente una condición temporal. Puede ser una secuencia *lógica*. Esto significa que nuestra glorificación pudiera ocurrir en el mismo momento de la visión de Dios. Dos acciones pueden ser simultáneas aunque una es lógicamente anterior a la otra. Por ejemplo, en nuestra doctrina de la justificación por la fe, nosotros reconocemos que no hay espacio entre la presencia de nuestra fe y la presencia de la justificación. En el mismo momento que la fe se hace presente, también se hace presente la justificación. Dios no espera cinco años, cinco minutos, ni cinco segundos después que nosotros mezclamos fe antes que Él nos declare justificados en Cristo. Sin embargo, nosotros no decimos que la fe es por la justificación. Ésta lógicamente está subordinada a la fe. La fe no está lógicamente subordinada a la justificación. La fe es la condición necesaria para la justificación. De la misma manera, parece que la glorificación es la condición necesaria para la visión beatífica. Aquella está lógicamente *anterior* a la visión aunque ambas puedan ocurrir en el mismo momento.

EDWARDS Y LA VISIÓN BEATÍFICA

Jonathan Edwards una vez predicó un sermón sobre la visión beatífica basado en el texto de Mateo 5:8. En su exposición él argumentó que la visión de Dios no será un acto físico:

> No es una vista con los ojos físicos: la bienaventuranza del alma no entra por esa puerta. Esto haría la bienaventuranza del alma depender del cuerpo, o la felicidad de la parte

superior del hombre depender de la inferior .... No es ninguna forma o representación visible, ninguna figura, ni color, ni luz brillante, que es vista, de lo que esta gran felicidad del alma consiste.[1]

Aunque la visión de Dios consistirá en un aspecto espiritual, esto no significa que nosotros no tendremos visión física en el cielo. En nuestros cuerpos resucitados nosotros tendremos la habilidad de disfrutar la vista del esplendor de Cristo:

Los santos en el cielo percibirán una gloria exterior como son en la naturaleza humana de Cristo, la cual está unida a la naturaleza Divina de Dios, como es el cuerpo de la persona de Dios; y habrá sin lugar a dudas apariciones de una gloria inmutable y divina en la belleza del cuerpo glorificado de Cristo, el cual en efecto será una refrescante y bendecida visión.

Pero la belleza del cuerpo de Cristo vista por los ojos físicos, será encantadora y deliciosa, ya que principalmente expresará su gloria espiritual.[2]

Esta será una visión dulce y majestuosa del Cristo encarnado y glorificado, pero no será la ulterior visión de Dios de la cual la Escritura habla. Edwards dice:

Pero el ver a Dios es esto. Es tener un inmediato, sensible, y seguro entendimiento de la gloriosa excelencia y amor de Dios.[3]

Cuando Edwards habla de una "inmediata" visión de Dios, él quiere decir una visión que no es medida a través de los ojos. Es una directa "visión" de la mente. Él describe con detenimiento lo que la Biblia quiere significar por "viendo" a Dios. Se le llama "viendo" a Dios porque, como Edwards lo hace notar:

La vista será muy directa, como cuando nosotros vemos cosas con los ojos físicos. Dios, como fuere, inmediatamente se descubrirá a sí mismo a sus mentes, de modo que el entendimiento percibirá la gloria y el amor de Dios, como si un hombre contemplara el semblante de un amigo.[4]

Edwards nos da una segunda razón por la cual la visión beatífica es llamada "viendo":

Se le llama viendo porque será muy segura. Cuando las personas ven una cosa con sus propios ojos, es cuando tienen la mayor certeza que la que pueden tener por información de otro. De este modo, la vista que tendrán en el cielo excluirá toda duda.[5]

Tercero, Edwards cita la vivacidad de esta experiencia tan aguda como cualquier razón terrenal:

Se le llama visualización, porque la apreciación de la gloria y amor de Dios son tan claros y reales como cuando algo es visto con los ojos físicos .... Después de la resurrección, los santos en el cielo verán la gloria del cuerpo de Cristo con ojos físicos, pero no será más una visión instantánea, en cambio estarán contemplando espiritualmente la divina gloria de Cristo .... Ellos percibirán a Dios en una inefable y, para nosotros hasta ahora, inconcebible manera.[6]

Finalmente, Edwards habla de la visión de la naturaleza espiritual íntima de Dios:

La vista intelectual, la cual los santos tendrán de Dios, los hará tan sensibles de su presencia, y les dará ventajas tan grandes para conversar con él, como la vista de los ojos físicos lo hace con un amigo terrenal .... Pero sus almas tendrán la más clara vista de la naturaleza espiritual del mismo Dios. Percibirán sus atributos y disposición hacia ellos en forma más rápida, y por lo tanto con mayor certeza, de la que podemos notar en el alma de un amigo terrenal por sus palabras y conducta.[7]

Así Edwards da lúcidas razones del por qué la visión beatífica es llamada una visión. Ésta involucra un ver más puro, más comprensivo, y más delicioso de lo que la visión terrenal consiste. Él entonces pasa a explicar la bienaventuranza que fluye de esta visión. Esto es lo que hace la beatífica visión beatífica:

PRIMERO. ÉSTA PRODUCE UNA DELICIA APROPIADA A LA NATURALEZA DE UNA CRIATURA INTELIGENTE .... LA RAZÓN DEL HOMBRE ES, COMO SI ELLA FUERA, UN RAYO CELESTIAL, O, EN EL LENGUAJE DEL HOMBRE SABIO, ES "LA VELA DEL SEÑOR". ES EN ESO EN LO QUE PRINCIPALMENTE CONSISTE LA IMAGEN NATURAL DE DIOS, ES LA MÁS NOBLE FACULTAD DEL HOMBRE, ES AQUELLO QUE DEBERÍA SOPORTAR EL REINO SOBRE LOS OTROS PODERES; SIENDO DADA PARA ESE FIN, PARA QUE PUEDA GOBERNAR EL ALMA .... LOS PLACERES INTELECTUALES CONSISTEN EN LA PERCEPCIÓN DE LAS EXCELENCIAS ESPIRITUALES Y LA BELLEZA, PERO LA EXCELENCIA Y BELLEZA DE DIOS SON PARA LOS GRANDIOSOS .... ESTO ES LA COSA MÁS AGRADABLE A LA RAZÓN QUE EL ALMA SE DEBE DELEITAR A SÍ MISMA EN ESTO .... DE MODO QUE CUANDO SE GOZA, LO HACE CON PAZ INTERNA, Y CON UNA DULCE TRANQUILIDAD DEL ALMA.[8]

En el disfrute de la beatífica visión, el alma finalmente alcanza la meta de su suprema búsqueda. Al fin nosotros entramos a aquel cielo donde encontramos nuestra paz y descanso. El fin de la impaciencia es alcanzado. La guerra entre la carne y el espíritu ha terminado. La paz que trasciende cualquier cosa de este mundo llena el corazón. Alcanzamos las alturas de la excelencia y la dulzura que eran solamente soñadas en esta carne mortal. Nosotros le veremos tal como Él es. Sin velo ni protector que impida ver su rostro. La visión directa e inmediata inundará el alma desde el manantial en las alturas. El altísimo gozo, el grandioso placer, el deleite más puro, serán nuestros sin mixtura y sin fin.

El gustar una vez de esta felicidad borrará todos los recuerdos dolorosos y sanará cada dolorosa herida incurrida en este valle de lágrimas. No quedarán cicatrices. El progreso del peregrino se ha realizado. El cuerpo de muerte y peso del pecado se evaporizarán en el momento en que nosotros percibamos su rostro.

NOTAS

NOTAS

· CAPÍTULO 1

1. *Basic Writings of Saint Augustine* (Escritos Básicos de San Agustín), ed. Whitney J. Oates, vol. 1, *Confessions* (Confesiones) [Grand Rapids: Baker 1948], 3.
2. R.C. Sproul, John Gerstner, and Arthur Linsley, *Classical Apologetics* (Apologéticas Clásicas) [Grand Rapids: Zondervan, 1984], ix.

CAPÍTULO 2

1. John B. Taylor, Ezekiel, *Old Testament Commentaries* (Comentarios sobre el Antiguo Testamento) Tyndale, ed. D. J. Wiseman [Downers Grove, Ill.: Inter Varsity. 1969], 55.
2. Ibid.
3. Walter Eichrodt, *Ezekiel* (Philadelphia: Westminster, 1970), 57.

4. Keith W. Carley, *The Book of the Profet Ezekiel* (El Libro del Profeta Ezequiel), Comentario Bíblico de Campbridge, (Cambridge Bible Comentary) Cambridge Univ. Press., 1974, 17.
5. Flavius Josephus (Flavio Josefo) *The Jewish War* (La Guerra Judía), ed. Gaalya Cornfield [Grand Rapids: Zondervan, 1982], 427.

CAPÍTULO 3

1. *The Works of Jonathan Edwards,* (Las Obras de Jonathan Edwards), revisados por Edward Hickman, vol. 2 [Carlisle, Pa.: Banner of Truth Trust, 1974], 12.
2. Ibid.
3. Como fueron citados por Santo Tomás de Aquino en *Nature and Grace* (La Naturaleza y la Gracia), LCC Xl [Philadelphia: Westmister, n. d.], 138.
4. Edwards.
5. Ibid.
6. Ibid.
7. Ibid.
8. Ibid.
9. Ibid.
10. Ibid, 14.
11. Ibid.
12. Ibid.
13. W. Luijpen, *Fenomenologie En Athiesme,* [Utrecht: Aulaboeken 1967], 326.
14. Edwards.
15. Ibid.15
16. Ibid., 17.
17. Ibid.

CAPÍTULO 4

1. Juan Calvino *Institutes of the Christian Religion* (Institutos de la Religión Cristiana), trans. Henry Beveridge, vol. 1 [Grand Rapids: Eerdmans. 1964], 68-69.
2. Ibid., 72.
3. Ibid.
4. Ibid., 84.
5. Ibid., 85.
6. Ibid.
7. Ibid., 72.
8. Ibid., 84.
9. Ibid., 85.
10. Ibid.

CAPÍTULO 5

1. A.F. Kirkpatrick, *The Book of the Psalms, Thornapple Commentaries* (El Libro de los Salmos, Comentarios de Thornapple) [Grand Rapids: Baker, 1982], 700-702.
2. Ibid., 704.
3. Calvin, 304.
4. Ibid., 303.
5. Ibid., 305.
6. Ibid., 307.
7. Ibid.
8. Ibid.
9. Ibid., 307-8.
10. Ibid., 309.
11. Ibid.
12. Ibid.

CAPÍTULO 6

1. Ver G. C. Berkouwer, *Vaticaans Concilie En Nieuvo Theo-logie* (Concilios Vaticanos en Nueva Teología) [Kampen: J. H. Kok, 1964], 274-315.

CAPÍTULO 8

1. John Gerstner, *Reasons for faith* (Razones para la Fe) [Grand Rapids: Baker, 1967], 31.
2. René Descartes, *Discourse on Method & Other Writings* (Disertación Sobre Método y Otros Escritos), trans. Wollaston [London: Pengüin, 1968], 164.
3. Ibid., 150f.
4. Immanuel Kant, *The Critique of Pure Reason* (La Crítica de la Pura Razón), trans. F. Max Muller [Garden City, N. J.: Doubleday, 1966]. 194f.
5. Ibid., 255.
6. Augustus Hopkins Strong, *Systematic Theology* (Teología Sistemática), [Old Tappan, N.J.:Revell, 1907]. 487.
7. Vea notas de pie en Romanos 7 y 1 Corintios 2:14 en La Biblia de Referencia de Scofield [New York: Osford, 1917],Para más información sobre la Teología Dispensacional, vea a John Gerstner's en *Wrongly Dividing the Word of Truth* (Equivocadamente dividiendo la Palabra de Verdad) [Nashville: Wolgemuth and Hyatt, 1991].
8. Para ejemplos similares del Carisma de Churchill vea a William Manchester, El Último León. vol. 2 [Boston: Little, Brown, 1983].

CAPÍTULO 9

1. Ver *The Nicene and Pos-Nicene Fathers* (Los Padres Nicenos y Postnicenos), ed. Phillip Schaff, vol. 3 [Grand Rapids: Eerdmans, 1988], 369.
2. Jonathan Edwards, *On Knowing Christ* (Sobre conociendo a Cristo) [Carlisle, Pa.: Banner of Truth Trust, 1958],18.
3. Ibid.
4. Ibid., 20.
5. Ibid.
6. Calvin, 97.
7. Karl Barth, La Epístola a los Romanos, trans. Edwyn C. Hoskyns [London: Oxford Univ. Press, 1933], 53.

CAPÍTULO 10

1. John Bunyan, El Progreso del Peregrino [Carlisle, Pa.: Banner of the Truth Trust, 1977), 3.
2. Ibid.
3. Ibid., 9-10.

CAPÍTULO 11

1. *The Works of Jonathan Edwards* (Las Obras de Jonathan Edwards), 905-6.
2. Ibid.
3. Ibid.
4. Ibid., 907.
5. Ibid.
6. Ibid.
7. Ibid.
8. Ibid.

Yaneth.
(703) 943 9250